"粤商文化"丛书

主编 申明浩

获国家社会科学基金项目（19BJY003）、广东省人文社会科学重点研究基地粤商研究中心、广东外语外贸大学粤港澳大湾区研究院、广东外语外贸大学黄埔研究院（研究生院）、珠江学者人才项目、宣传思想文化青年英才项目资助。

粤商崛起

YUESHANG JUEQI

申明浩 谢英 谢俊 ◎ 编著

中山大学出版社
·广州·

版权所有　翻印必究

图书在版编目（CIP）数据

粤商崛起 / 申明浩，谢英，谢俊编著. —广州：中山大学出版社，2021.10

（"粤商文化"丛书 / 申明浩主编）

ISBN 978-7-306-06200-0

Ⅰ. ①粤… Ⅱ. ①申… ②谢… ③谢… Ⅲ. ①文化研究 Ⅳ. ①K878.84 ②K289

中国版本图书馆CIP数据核字（2016）第255374号

出 版 人：	王天琪
策划编辑：	李　文
责任编辑：	李　文
封面设计：	林绵华
装帧设计：	林绵华
责任校对：	王延红
责任技编：	靳晓虹
出版发行：	中山大学出版社
电　　话：	编辑部 020-84111997，84110779
	发行部 020-84111998，84111981，84111160
地　　址：	广州市新港西路135号
邮　　编：	510275　　传　真：020-84036565
网　　址：	http://www.zsup.com.cn　E-mail:zdcbs@mail.sysu.edu.cn
印 刷 者：	广州市友盛彩印有限公司
规　　格：	787mm×1092mm　1/16　11.5印张　238千字
版次印次：	2021年10月第1版　2021年10月第1次印刷
定　　价：	80.00元

如发现本书因印装质量影响阅读，请与出版社发行部联系调换

"粤商文化"丛书编辑委员会

顾　　问：顾作义
主　　编：申明浩
编　　委：谭元亨　范小静　刘正刚　冷　东
　　　　　谢　英　蓝　天　曾楚宏　谢　俊
策　　划：张海昕

《粤商崛起》编辑委员会

主　　编：申明浩

副 主 编：谢　英　谢　俊

编　　委：谭元亨　董俊武　曾楚宏　何　轩　刘石兰　杨　琳

　　　　　侯广辉　徐思红　吴开军　郑　开　俞　量　杨永聪

　　　　　卢小芳　陈于结　杨　炬　吴宇厦　李凌川　杜颖时

　　　　　钟健雄

图片提供：广东电视台《粤商》摄制组

总 序

"千年粤商,百年崛起。"粤商的变迁和发展,在近现代世界范围内创造了财富的辉煌和人文的荣耀,对当代中国改革开放和社会进步产生了巨大的影响。一代代广府商人写下一个个传奇故事,雄踞海内外的潮汕商人笑看商海潮起潮落,勇于开拓的客家商人显示出商界精英的大气魄。在风云变幻的年代,他们走出本土生存之道,又跨越海洋闯荡世界,放射出一道道耀眼的光芒。在改革开放之初,他们迈出市场经济的第一步,领先于人,在民营领域大放异彩;同时也在转轨之痛中探索经验,吸取教训;在走向21世纪的征程中,他们与祖国母亲一道融入世界经济大潮,于抗争中进取,于创造中升华,为岭南大地带来新的血液和希望。

百年粤商,敢为人先,勇闯天下;一脉相承,致富行善,叱咤风云,充满创新与活力的粤商群体创造了蔚为大观的财富奇迹,为推动广东乃至中国经济持续快速发展做出了重要贡献。

一、中国现代化进程的推动者

自古以来,粤商在中国商界就占据主要位置。秦汉时期,粤商就已开展艰辛的海外贸易商旅。近代史上,粤商和徽商、晋商三足鼎立,成为著名的商帮之一。粤商始于贸易业,广州十三行曾是中国与世界通商的主力,在中国经济史和世界贸易史上留下了令人瞩目的印迹。随着西风东渐,粤商在大力传承传统文化的同时,也受到了西方商业思想的影响。粤商包容性强,是容纳吸收了西方商业文明的结果。近现代香山地区(泛指珠海、中山、澳门等地)的粤商创办的先施公司、永安公司、新新公司、大新公司,成为现代中国百货业和集团公司的先驱。现当代的郭炳湘兄弟、霍英东等著名粤商,成为

中国企业家效仿的楷模。

改革开放后，广东商人依靠天时（先行一步）、地利（毗邻港澳）、人和（华侨港澳同胞）之优势，创建了大批现代工商企业。从发展"三来一补"企业、外资企业到创办个体企业、私营企业，从搞活国有集体企业到探索混合型企业、股份制企业，粤商都发挥了至关重要的作用。时下的李东生、何享健、马化腾等，正是在这一时期涌现的粤商杰出代表，他们引领着新一轮粤商振兴的潮流。

粤商对中华民族的进步、对我国与世界的经贸交往、对中国的现代化做出卓越的贡献，然而对粤商的研究却相当缺乏。或许是由于岭南文化低调务实的风格，粤商并没有像晋商、徽商那样被媒体和学者高度关注。而长期忽视对粤商的研究，不能不说是我国经济学界和管理学界的一大缺陷。

在现代人的印象中，粤商是一个历史概念。实际上，粤商并未像晋商、徽商一样随着历史变革而断代，而是在不断变化的社会中发展。近年来，中共广东省委、省政府高度重视粤商的发展。2008年5月召开的首届新粤商大会，引起了海内外众多政界名人及工商社团、企业家的关注。学者对粤商这一题材的研究也开始升温。促使社会各界逐渐重视粤商研究的原因主要有两点：① 20 世纪 90 年代，港澳台及东南亚等地区华人企业取得的经济成就世人瞩目。世界华人经济对日本的经济地位大有取代之势，华人企业家团体把亚洲经济推向巅峰，并逐渐向西方经济领域扩展。海外华人企业家多半为粤籍商人，粤商的身影遍及世界。② 20 世纪 70 年代末以来，珠三角地区引领我国的改革开放，一批新粤商脱颖而出，承接了港澳等地的产业转移，迅速建立起一大批产业集群，产品行销全球，家电、IT 产品、灯饰等产量占据世界重要份额，成为世界经济的新引擎。

从学理背景看，粤商精神体现了岭南文化的突出特征，而岭南地区较好地保留和积淀了中国几千年的儒家文化和儒家伦理。这些文化与伦理对中国近现代企业发展历程起着至关重要的作用，影响着新兴的珠三角企业家群体。"敢为人先，和气生财，利己而不损人"的文化传统熏陶了一代代粤商，保障了粤商历经磨难而不断代、游历海外而不衰落的传奇。粤商研究是一个跨学科的研究领域，涵盖家族企业、跨国公司、公司治理等诸多研究方向。很多粤商企业为家族企业，繁衍数代而不衰。粤商较早走出国门，成功开辟海外市场并实现本土化，其经验值得我国企业走出去和本土化研究借鉴。粤商组织历经数代变迁，由传统的家族式经营过渡到现代企业制度，其内外部治理结构的完善是我国公司治理理论和实践的补充。因此，重视粤商在以上方向的研究，可以使人们加深对华人企业组织制度形式、组织行为以及与社会经济制度环境之间的互动变迁关系的认识，可以引发我们去深入探讨中国传统文化规则与现代市场经济规则以及现代企业制度规则的衔接点、接合点，进而从学理上探讨富有效率的中国特色的企业管理模式。所以，粤商研究是一个具有现代意义的话题。

二、粤商的概念界定

如何定义粤商，是粤商研究中不可回避的问题。目前，学者对粤商的定义纷争较多，无法统一。从地理区位划分来看，粤商就是指广东商人，即出生于广东或者籍贯是广东的商人；从广义和狭义划分来看，广义的粤商泛指所有从事工商业活动的广东人，狭义的粤商则指以零售业经营者为代表的商贸流通业的广东投资者或经营者；从时间维度划分来看，粤商包含两个时代，一是近代以来在广东创业和经营的人士，二是改革开放以来在广东创业与经营的人士。（欧人，2002；王先庆，2007；刘光明，2007；谭建光，2008)

上述界定均有偏颇，粤商概念不应局限于地域、时间等单一层面，而应包含地域维度、行业维度和文化维度三个方面。粤商概念应该具有更大的内涵和更广阔的范畴，不能局限于传统商贸流通业，而应与现代产业体系发展同步，涵盖现代工商业的各种业态。所以，首先要认识到粤商不是完全不相关的一群人，而是由有着共同点的商人形成的一个商帮，这个共同点应该超越时间和地域，不限于某行某业的文化和价值取向。所以，粤商的定义可统一为：认同广东文化（岭南文化）的"粤地商人"或"粤籍商人"，包括在广东出生和在广东经营，或具有广东籍贯但在外地经营，且价值观与岭南文化呈现高度相关的企业家群体。

地域维度： 粤商应该包含粤地、粤籍两个方面。所谓粤地粤商，即在广东省境内经营的企业家群体，其中包括非广东本土商人。比如，十三行中的潘、卢、伍、叶四大家族，除了卢家是广东新会人，其余皆为侨居广东的福建籍人士。他们当然是粤商的典型代表。广东地处中国南部边陲，历史上即为一个移民的重要区域，自秦始皇统一六国的秦兵南下一直到今天改革开放的"孔雀东南飞"，新、老移民共同为广东的经济建设做出各自的贡献。所谓粤籍商人，即籍贯广东但在外地经营的商人。粤商是走向海外较早

的群体，现在很多东南亚国家（如新加坡、印度尼西亚、马来西亚和泰国），粤商企业举足轻重。而港澳地区与广东同宗同源，商人巨贾大都为广东籍贯。

行业维度： 粤商始于贸易，兴于贸易。中国近代的对外贸易为十三行所垄断。现在，广东仍然是中国第一贸易大省，其外贸总量长期占全国1/4强的比重，且中国的对外贸易顺差主要来自广东。关于粤商是否属于流通行业的争议，我们可以从19世纪郑观应的《盛世危言》中找到答案。他提出了商战理论，认为西方实际上是通过商战来剥夺中国的财富，之后的洋务运动涌现出无数粤商经营的实业，如中国第一个民营企业——陈澹浦的"联泰号"机器厂，中国第一家机器缫丝厂——陈启沅的继昌隆缫丝厂；改革开放后广东珠三角兴起了大批加工贸易企业……这些都是粤商实业的重要组成。没有他们，粤商的历史将被割裂。所以，粤商所从事的行业除了包含传统服务业和现代服务业，也包括与商贸有关的制造业，以及创新商业模式的新兴产业。

文化维度： 基于地缘关系，粤商汇集了中原文化与海洋文化的特点，形成鲜明的文化特征，如"敢为人先""务实包容""利己而不损人""和气生财"等。因为粤商具有强烈的对外性，所以在接受新鲜事物上能够占有先机。近现代广东开风气之先，最早形成商业化市场经济，且与西方的商业文化有一定的融合，属于较为成熟的商业文化，使得粤商能够敬业守职，不会过多地向政治倾斜和靠拢，这也是粤商能够繁衍数代而不衰亡的一个基因。

三、粤商三大帮

广东本地有三大族群——广府、潮汕、客家，他们分别讲不同的方言。

广府族群。广府族群是三大族群中影响最大的一支，其方言（当地叫白话）也就是我们通常所知的粤语，集中分布于珠三角地区，此外还广泛分布于广东省中西部地区的肇庆市、清远市、阳江市、茂名市、云浮市等，在民国以前分布一直比较稳定。抗日战争全面爆发以后，大批广府人从珠三角地区逃往粤北和粤西，很多最后定居下来。广府人是最早到达广东的，占有西江流域及其下游的珠江三角洲，早已成为海上丝绸之路上扬帆万里的主角。现在，以广州为中心分布于珠三角及周边地区的人被称为"广府人"，这里是海上贸易的重要口岸，滋养了一代代广府商人。

潮汕族群。在唐宋时期，由于人口的自然增长，地狭人稠的闽南地区难以承载更多的人口，因此大批潮汕人迁居到与闽南地区毗邻的潮汕地区、海陆丰地区以及惠州的部分地区，这里成为潮汕人在广东省最大的聚居地。到达潮汕和海陆丰地区的一部分潮汕人，随后又继续沿海西迁，前往雷州半岛以及海南岛。抗日战争全面爆发以后，很多潮汕人逃往北部的丰顺县，不少人最终在此定居，与客家人在此繁衍生息，今天丰顺县城依然是闽南方言（潮汕话）与客家方言并存的双语区。相较于广府人，潮汕人稍后才到广东境内。潮汕平原濒临大海，商贾活跃，这里有曾被恩格斯称为"最具有现代商业意味"的港口，其商品意识也早已形成。

客家族群。客家族群的迁移最复杂，与其他族群交错分布的情况也最常见。根据各市县地方志以及罗香林（1989）的记载，早期到达广东的客家人，主要是为了躲避几次大的战乱（黄巢起义、金人南下、清兵入关）而南迁的。经过长年累月的变迁和繁衍，客家文化一方面保留了中原文化的主流特征，另一方面又容纳了所在地民族的文化精华。

粤商内部三大商帮天然形成于三大族群，因为数量庞大的粤籍商人或企业家有着相同或类似的性格特征、价值取向、经营理念和行为模式，他们来自同一个文化共同体，即同一个族群，他们基于语言和文化背景形成的思维习惯对其经营行为具有一定的共性影响。近现代以来，粤商能够垄断中国外贸百余年；鸦片战争之后，粤商能够开风气之先，民族工商业在广东率先兴起，粤商创造出近现代中国商业史无数第一，都有一定的族群共通性。中国式企业遵循着基于族群内部的信任和学习机制，导致了某种业态高度集中于某一族群内部，香山走出的四大百货、中国商业第一街的缔造等案例都是佐证。

四、千年传承的粤商外向型基因

有学者将明清以来中国形成的商帮归纳为"十大商帮"。其中，以徽商和晋商规模最大、影响最广，他们前后叱咤风云几百年，代表了中国古代农业文明情境中商帮的形象。与之形成鲜明对照的是粤商和浙商，特别是改革开放以来"新粤商"的异军突起，这支远离政治中心的商人队伍，具有明显的近代海洋文明的特征，从而也从一方面决定了它与旧的商帮形态不同的命运（程宇宏等，2009）。众所周知，晋商、徽商在极度辉煌之后是覆灭的结局，现在的山西、安徽境内的商人群体，从严格意义上说并未继承历

"粤商文化"丛书

粤商崛起

史上晋商与徽商的事业和商业精神，实际上出现了历史断代。而粤商则成功地延续至今，从海上丝绸之路的奠基到十三行转手贸易的辉煌时代，再到现代的珠三角加工贸易和产业集群的兴盛，粤商千年传承，生生不息，不断在新的时期创造新的辉煌。其秘诀是什么？搞清楚粤商世代繁衍、发展壮大的动因，对我国的企业发展具有重大的战略意义。

粤人经商的历史可远溯汉代。汉武帝时期开通了"经南中国海过马六甲海峡，入印度洋，到波斯湾、阿拉伯半岛以及非洲东海岸"的"海上丝绸之路"，与中国途经西北地区的陆上丝绸之路相比，这条海上丝绸之路的航行更为艰巨、风险更大，但船舶的容量更大、利润更可观，因而吸引了大量粤人从商，粤商的海外贸易经营从此展开。及至近代因为清政府"一口通商"的政策，广州得天独厚地垄断了中国的对外贸易，外国客商必须经过十三行才能从事与中国的贸易。随着业务的扩大和新一批通商口岸的建立，粤商也逐渐转型，开始走遍全国各地进行交易，并前往海外进行贸易。

五、粤商精神与文化内涵

近现代中国，粤商一直是我国对外贸易的中流砥柱，粤商敢为天下先，成为改革开放的先行者，引领改革的步伐，启动了中国成为"世界工厂"的历史变革。改革开放以来，粤商对外经济贸易取得辉煌的成就。长期的贸易传统令粤商充分发挥"广交会"的优势，产品行销全球。可以说，众多粤商成长的历程就是广东甚至中国改革开放过程的缩影。

支撑这一骄人成绩的是广大粤商所秉持的粤商精神，这种精神也是中国商界的瑰宝。粤商文化内涵丰富，我们可以通过语言、观念、态度、行为等概括粤商的文化内涵。粤商三大族群分广府民系、福佬民系和客家民系，其方言要么是古代中原汉语，要么融合了古代中原汉语和当地土话，民风与传统兼容了古代中原文化传统和近代海洋文化传统；长年海外贸易兴盛导致民间重商传统浓重，开放观念深入人心；天生的国际化基因使之具备兼容的营商态度，能够吸纳东西方的文化和商业模式，敬业乐天的天职意识让其以知足乐观的态度对待身边的人和生意，养成了"和气生财，利己而不损人"的营商态度和准则；中庸文化的熏陶，老庄哲学的浸泡，让粤商深谙"人怕出名猪怕壮""生意就是生意"的道理，养成低调、务实的行为习惯；粤商不安现状的探索海洋的精神蕴蓄了其创新精神，能够在不同时代抓住时机转型升级，创新商业模式，创造新型业态。

1. "敢为天下先"的精神是粤商在很多方面引领改革开放的根源

粤商深受岭南文化的影响，远离政治中心，不受所谓正统、权威观念的束缚，正是这种勇于尝试的精神使得粤商在很多方面成为"第一个吃螃蟹"的人，使广东迅速成为全国经济的排头兵。当代粤商的崛起背景，是在经历过"文化大革命"闭关自守、百业凋零之后，"对外开放，对内搞活"，从而获得了发展机遇。当时的粤商大胆革新，借鉴国外，敢于尝试。曾经流传的"红绿灯"理论就是形容粤商善于利用政策发展经济，善于创造条件变革经营，决不等待，决不观望，敢为天下先。

2. "开放、包容"的文化是粤商能长期保持昌盛的根本

较之国内大多数地区的商人，广东商人有更多的机会了解世界，获取新知，采用从外国学来的经营方式，在内地再创业或去海外经营。"广东的文化，历来不是封闭型的文化。"从国内来说，广东吸收了楚文化和中原文化，并改造了南越的风俗习惯和"刀耕火种"或"水耕火耨"的农业劳作方式；特别是广州成为对外贸易的重要口岸之后，又成为中国与世界文化交流的重要窗口之一。因此，岭南地区各类人员在生存和发展的过程中，对中原文化与海外文化既没有明显的偏向，也没有明显的排斥，包容、融合外来文化的特征就在内外交往和交流的过程中形成了。

粤商深知"地低成海，人低成王"的道理，放低姿态，虚心向别人学习求教，在吸收外来优秀文化的同时壮大自己的实力。因而粤商走遍全国及全球，以全方位的开放心态，对国内、国外同样有强烈的开放态势。

3. "和气生财""利己而不损人"的理念构筑了广东企业有序的竞争环境

粤商有一个良好的商业风气，就是讲究和气生财，相安无事，各发其财。大家各算各的账，只算自己能否盈利，而不去计较对方是否赚得更多。这就是广东形成众多的产业集群专业镇，在狭小的地域那么多的企业依然和平相处、共同盈利的原因。

4. "低调务实，灵活变通"促使民营企业迅速发展壮大

粤商大都是实干家，敏于行，讷于言。他们不在乎所谓的虚名，越是有钱的反而越低调。在众多的中小企业中，分布着许多的隐形冠军，他们在各自的行业里占有极高的市场份额。"不事张扬"使广东众多个体户发展成为颇具规模的民营企业。

粤商以灵活变通著称，从不墨守成规，固步自封，随时根据市场变化、政策因素等各种条件及时调整自己的经营策略和经营方式。这种特征在官商关系处理上尤显突出。为了保护自身利益，粤商针对不同的历史条件，采取不同的策略处理与政府之间的关系。他们处理官商关系既不曲意逢迎，也不一味抗拒。为了商业利益，总能抱作一团，既是合作伙伴，也是竞争对手。这决定了他们能够在对外、对内的开放中求新、求变，不断输入新鲜血液，最终财源滚滚，兴盛持久。

5. "国际化视野"保障了粤商的代际传承、永续经营

作为中国的三大商帮之一，粤商具有与晋商、徽商等不同的特征。由于地理位置远离封建政治中心，粤商从形成的第一天起就具有强烈的对外性，较少依附于政治权力，商贸活动的开展基本上遵循着对外的营销方向，注重国际化视野。广州作为明清政府允许开放的唯一对外贸易港口，成为内地产品与外国商品的集散中心，粤商内部的海商、牙商和内地长途贩运批发商三大类型无一不是与海外贸易相关联的。这一对外性质对粤商抵抗近代资本主义经济的发展和冲击具有非常重要的作用。粤商不仅避免了晋商、徽商等在政治、经济环境剧变时迅速消亡的厄运，还纷纷走出国门，到世界各地开拓市场，寻求更大的发展机遇，在世界商业大舞台上展露出中国人的商业才智，把中国和世界市场紧密连接在一起。粤商的这种对外交往活动对中国近代的思想进步、经贸发展和社会变革产生了巨大的影响。粤商的发展和演化过程，就是中国近代对外贸易发展的一个缩影。尤其在改革开放的40多年中，粤商起着引领改革时代潮流、推动企业规范化和国际化的先锋作用。

改革开放之初，粤商就着眼全球，利用广东侨乡的优势，引进资金和技术这些自己稀缺的东西，发挥劳动力优势，以"三来一补""来料加工，进料加工"为主业，发展产品贸易。不管当时的舆论如何，粤商看准的国际化市场策略从未动摇，靠着这样的坚定，不断在世界市场中求得发展，粤商在短短40多年间神奇地在国内外各个市场站稳了脚跟。

广东的商业文化引领华夏，粤商开中华风气之先，影响着近现代中国社会经济文化等方方面面的变迁。为呈现粤商在近现代中国社会经济制度变革中的推动作用，弘扬广东商业文化，中山大学出版社与广东省粤商研究会联合打造"粤商文化"丛书，尝试对粤商进行系统化学术梳理。

粤商与徽商、晋商一道，在历史上被称为"三大商帮"。但粤商题材的学术作品却没有像晋商、徽商一样为大众所熟知，粤商的知名度也远不及其他商帮。因其稀缺，所以珍贵，衷心希望"粤商文化"丛书能弥补这一缺憾。

申明浩
于广州白云山麓

目 录

第一章　大商崛起 / 1
　　一、秦汉到南末时期的广州 /2
　　二、百年商船的海上印记 /4
　　　　（一）"哥德堡"号商船 /4
　　　　（二）"南海一号" /6
　　三、"一口通商"与广州十三行 /7
　　四、一个商帮的百年崛起 /11
　　　　（一）同文行与潘振承 /11
　　　　（二）天宝行与梁经国 /13

第二章　乱世商战 / 17
　　一、王朝末日 /18
　　二、实业救国 /19
　　　　（一）郑观应与《盛世危言》/20
　　　　（二）实业救国之梦 /22
　　三、商战——中国市场经济思想启蒙 /25

第三章　风气之先 / 27
　　一、粤商精神 /28
　　二、西风东渐 /29
　　三、领风气之先 /33
　　　　（一）黄秉常与广州照明 /33
　　　　（二）华侨与开平碉楼 /34
　　　　（三）霍英东与白天鹅宾馆 /35

第四章　商脉传承 / 37
　　一、粤商四大百货 /38
　　　　（一）先施百货 /38
　　　　（二）永安百货 /40
　　　　（三）新新百货 /41
　　　　（四）大新百货 /42
　　二、粤商老字号 /43
　　　　（一）致美斋 /43

"粤商文化"丛书
粤商崛起

　　（二）王老吉 /45

　　（三）陈李济 /46

　　（四）陶陶居 /47

　　（五）莲香楼 /49

三、老字号传承 /50

第五章　广商造富 / 51

一、广商的地域与文化特征 /52

二、港澳再造传奇 /53

　　（一）郭氏父子的地产王国 /53

　　（二）李兆基与恒基兆业 /55

　　（三）"赌王"何鸿燊 /56

三、广商崛起 /58

　　（一）杨国强与碧桂园 /58

　　（二）何享健与美的集团 /61

　　（三）张力与富力地产 /63

第六章　潮商弄潮 / 67

一、潮商的地域与文化特征 /68

二、海外潮商 /70

三、本土潮商 /76

　　（一）香港潮人商帮 /77

　　（二）内地潮人商帮 /79

第七章　客商天下 / 85

一、客商的地域与文化特征 /86

二、香港客商 /89

三、广州客商 /94

第八章　转轨之痛 / 97

一、摸着石头过河 /98

二、改制之痛 /99

第九章　中国制造 / 103

一、广东制造 /104

二、广东家电 /106

三、制造业升级 /109

四、"隐形冠军" /112

五、"世界工厂"与中国制造 /115

第十章　创新先锋 / 117

一、传统企业创新 /118

（一）王传福："电池大佬"的汽车梦想 /118

（二）格兰仕：从"世界工厂"到世界品牌 /120

（三）徐航：以创新为企业的生命力 /124

二、互联网企业创新 /127

（一）马化腾与腾讯 /127

（二）李松与珍爱网 /130

三、百年粤企利丰创新之路 /132

第十一章　大爱无疆 / 139

一、西医院与善堂 /140

二、粤商的影视文化观 /141

三、崇文重教 /143

四、粤商社会责任的传承 /144

第十二章　走向海洋 / 147

一、粤商海外印记 /148

二、粤商国际化 /151

三、粤商再起航 /152

参考文献 / 155

附录一 近现代粤商大事记 / 158

附录二 《粤商》纪录片主创人员名单 / 164

后记 / 166

第一章
大商崛起

"粤商文化"丛书

粤商崛起

从秦汉到南宋的漫长历史长河中，广州逐渐发展成为世人瞩目、万商云集的贸易口岸。到了清朝，乾隆颁布"一口通商"令，规定特许经营对外贸易仅限于广州口岸，广州十三行因此成为世界最著名的商人团体。

大商崛起，展现出中国通商史上绝无仅有的风云画卷。

一、秦汉到南宋时期的广州

公元前221年，秦始皇吞并六国，实现了中国历史上的第一次全国统一。接着，这位雄心勃勃的大秦皇帝开始了统一岭南的军事行动，他派手下大将任嚣和副将赵佗率大军平定了岭南。公元前214年，任嚣在现在的广州市中山四路城隍庙一带修筑了一个城池，起名番禺城，史籍也称其为"任嚣城"，这一年也被史学界称为广州建城之始年。其实，在最早的文字记载中，岭南地区被称作"越"，这里的土著人自然而然被称作"越人"。在后来的《汉书》中，"越"字变成了"粤"字，其中缘故一直以来众说纷纭。但"粤"字在民间一直沿用，最后成为广东的简称。

在秦汉时期，南粤大地有相当部分地方还是一片汪洋大海，加上内陆河涌纵横交错，所以，当时的南粤先民多以海上劳作和以货易货买卖方式为生。随着时间的推移，其中一些人已经不满足于近海劳作和买卖，开始不惧艰险，远渡重洋，足迹抵达遥远的大洋彼岸。

秦帝国建立之后，军事上的航运需要有力地推动了岭南水运的发展。秦始皇派遣五路大军南征，主要经由民间早已存在的水道商路。为了军饷运输的便利，他们曾对一些河道做了疏浚，尤其是灵渠的开凿，打通了长江水系和珠江水系之间的联系。水路的畅通巩固了秦汉统治者在岭南地区的郡县制统治。海运于河运之后兴起。秦汉时，已能沿着海岸做长距离航行。南海区域内已"无远弗届"。司马迁在《史记·货殖列传》中列举了汉初的19个大城市，其中尤以广州等9个最为重要。

如果说早年北方的商人历尽千辛万苦打通的是河西走廊连接欧亚大陆的丝绸之路，那么，在更早的年代，南粤商人冒着极大风险打通的就是一条海上丝绸之路。事实上，"海上丝绸之路"于秦汉时期开始，在三国时期得到较大发展，而唐宋时期则开始兴盛，直至明初郑和下西洋时，海上丝绸之路已至巅峰。

几千年的中国海上贸易历史中，粤商始终是举足轻重的群体。众所周知，唐朝在其历史进程中曾经有过全盛时期，即所谓"大唐盛世"。在这个时期，广州的对外贸易也十分繁盛，开辟了长达一万多千米的"广州通海夷道"。

唐玄宗开元四年（716），张九龄奉令扩建大庾岭山路，他在《开凿大庾岭路序》中说，"海外诸国，日以通商，齿革羽毛之殷，鱼盐蜃蛤之利，上足以备府库之用，下足以赡江淮之求"。唐高宗还在广州设立了"市舶司"，所谓市舶司就是对外贸易的专门管理机构。发展对外贸易也促进了外国人数量的急剧上升。据记载，当时外国人数量最高峰时曾占全城人口的30%以上。"菩萨蛮"就是唐代广州人创造的词，是对波斯妇女的称呼。在广州的海外商人，已有了自己的组织、固定的居住区（蕃坊）和商业活动场所（市区）。大批外侨在广州"蕃坊"长期居留，成为中国文化西传的热心者。蕃客人数或可达十万之众。他们"富甲一时"，有的与朝廷或当地官府和老百姓关系密切，并有相当的汉学造诣；有的旅居或侨居广州的阿拉伯人和波斯人甚至还与广州人通婚，为广州民俗注入了异域风情。

应该说，唐宋商贾，元明文武，尤其是明清之后，南粤地区已经发展成一个名副其实的贸易大枢纽和海上货物集散地，广州由此也揭开了近代几百年风云际会的壮丽诗篇。粤商这个名字也由此有了一张金色的名片。

然而，在明王朝建立之初，因为政治基础未稳，朱元璋非常担心已逃亡到海上的张士诚、方国珍等残余势力反扑，于是三番五次颁布"禁海令"。所谓禁海令，就是禁止私人出海，对违禁者及私放居民出海的军卫官兵，都会处以严厉的刑罚。"禁海令"对粤商的海上贸易活动是一个沉重的打击。

其实，朱元璋一向反对开放对外贸易，而奉行的是朝贡贸易体制，就是只准许外国以

第一章　大商崛起

向明朝皇帝"朝贡"的名义来中国进行贸易。在朱元璋眼里，大明国威至高无上，周边的国家和海外更远的国家都是蛮夷戎狄居住之地，只有"四夷顺而天下宁"。

到了明永乐年间，为进一步彰显大明国威，朝廷还在广州市舶司、泉州市舶司、宁波市舶司的基础上分别修建了专门接待外国贡使吃喝玩乐且颇具规模的驿馆：泉州的称为来远驿，宁波的称为安远驿，而广州的则称为怀远驿。今天广州市荔湾区十八甫路附近一条颇具岭南特色的小街巷叫怀远驿街，就是当年怀远驿所在地。现在走在这条街的麻石地板上，已很难想象当年这里洋人成群、迎来送往的喧嚣景象了。另一方面，明朝还进行了大规模的官方互访式海外交流活动。据史料记载，"海上丝绸之路"最活跃的时期是明成祖永乐三年（1405）到宣宗宣德八年（1433）。在这一时期，郑和先后7次率领五六十个船队，共约2万人巡航、访问南海沿岸和西洋各国，历经30多国，最远到达非洲东岸和红海，比哥伦布和达伽马等早半个世纪，在船队规模和船舶吨位方面都超出他们好几倍，创造了震惊世界的航海壮举。

后来的现实不像朱元璋想象的那样，特别是经历了明中晚期的倭患，朝贡贸易再难以维持。到明隆庆年后，实行了近200年的海禁基本被解除，恢复了海上贸易，主要靠海上贸易为生的粤商又迎来了新的机遇。

二、百年商船的海上印记

打捞起来的"哥德堡"号部件

（一）"哥德堡"号商船

1745年9月的一个清晨，离广州几千海里外的瑞典哥德堡港，挤满了躁动的人群，在他们充满期待的眺望

"哥德堡"号打捞起来的完整瓷器有400件

中,"哥德堡"号(East Indiaman Götheborg)商船从海洋深处渐渐地驶入他们的视线。岸上的人们已经迫不及待地想要看一看这满载而归的商船的收获,听一听旅途中神奇又让人神往的故事。甲板上的船员也开始呼喊——在经历了30多个月的离别之后,他们终于再一次看见了自己的故乡!然而,就在这个时候,意外发生了:"哥德堡"号的船头突然触礁,商船随即沉没,要知道船上满载着从古老中国贸易而来的大量瓷器、丝绸和茶叶。后来经打捞和拍卖,仅1/3的货物,价值竟然足够支付"哥德堡"号这次远洋的所有成本。由此可见,"哥德堡"号这次远洋贸易获利巨大,而这次的贸易地正是广州。"哥德堡"号事件令瑞典人疯狂了,整个欧洲都疯狂了!那里的商人惊喜地发现:遥远的东方有个地方叫广州,那里商机无限!

沉睡海底两个半世纪的"哥德堡"号残骸在1984年民间的一次考古中被发现。此后,考古界开始对"哥德堡"号进行全面考古发掘,并于1986年3月成立了"哥德堡"号基金会。在基金会的支持下,"哥德堡"号打捞工程于1986年夏季正式开启,共花了6年时间(1986—1992年)。6年间,考古专家发掘出埋藏海底200多年的商品,其中,仅瓷器就重达9吨。

为了重现这段海上丝绸之路的真实故事，瑞典按照原规格重建了一艘新的"哥德堡"号，并沿着261年前"哥德堡"号的航海路线，于2006年7月18日抵达广州南沙港。这次东方之旅的航线途经西班牙加的斯、巴西累西腓、南非开普敦及伊丽莎白港、澳大利亚弗里曼特尔、印度尼西亚雅加达，全程合计19 600海里，共225天。由此我们可以想象出当年航行在中西海上丝绸之路的船舶的艰难和风险。新"哥德堡"号的到访，不但再现了中、瑞两国悠久的友谊，还勾起了人们对当年广州繁荣的市场景象和精明的粤商们的回忆。

（二）"南海一号"

"南海一号"发掘现场

就在瑞典人1984年发现"哥德堡"号沉船的3年后，中国考古人员于1987年在广东省阳江市南海海域偶然发现了一艘海上丝绸之路上的中国籍古沉船——"南海一号"。根据历史记载，"南海一号"是目前考古发现的最大的宋代船只，是南宋初期通过海上丝绸之路运送瓷器的中国商船，失事地点位于广东省阳江市东平港以南约20海里处。在"南海一号"上，考古学家发现了8万余件保存完好的宋代瓷器、生活用具等文物，从而为学界研究海上丝绸之路的历史提供了难得的实物资料。

根据学界专家的推算，"南海一号"建于南宋时期，与福建泉州木质古船特征相符，商船长30.4米、宽9.8米，船身高约4米，排水量约600吨，载重约800吨。从船头位置推测，"南海一号"是从中国驶出，赴新加坡、印度等东南亚、南亚地区或中东地区进行海外贸易的商船。令考古学家感到惊奇的是，"南海一号"虽然沉没海底近千年，但船体保存相当完好，船体的木质仍坚硬如新。为了保证"南海一号"在出海之后仍然保存于与其海底环境相似的水文环境中，防止船体腐烂，目前"南海一号"已经装进特制的钢厢体，由起重船"华天龙"号将连同船体共重4 000余吨的钢制沉厢整体打捞，随后平移到专门修建的广东海上丝绸之路博物馆的特制水晶宫中。由于技术水平和保护古迹的原因，目前尚未对"南海一号"进行大规模的开舱考察，因此，藏在"南海一号"中的关于我国古代海上丝绸之路的秘密暂时还不能"重见天日"，这些尘封近千年的秘密还需要等待较长时间才能揭开。

三、"一口通商"与广州十三行

"哥德堡"号和"南海一号"揭开了传统粤商对外贸易的冰山一角，而掀开传统粤商神秘面纱的则是广州十三行。在历史悠久的世界著名手表品牌瑞士江诗丹顿公司总部，保存了一张100多年前的贸易订单。令人惊叹的是，这张订单竟然来自广州十三行的一个商人。

"洋船争出是官商，十字门开向二洋。五丝八丝广缎好，银钱堆满十三行。"这是清初著名学者、诗人屈大均写的一首《广州竹枝词》。有关专家研究认为，屈大均的这首词是现时所见文献中最早提及"十三行"这个名字的，虽然在明朝广州十三行实际已存在，但那时的十三行不称作"十三行"，而称为"揽头"。

讲起广州十三行，当年可谓名扬四海，它与当时的两淮盐商、山西晋商齐名，实质上形成了一个极具经济实力和地位的行商集团。当时的广州十三行行商其实就是粤商的代名词。时至今日，在广州的西关，与十三行有关的路、街、巷以及建筑物等比比皆是。

广州十三行中的"十三"并不是一个实数，而是虚指行商的数量之多。实际上，1720—1839年，广州十三行开业家数多少不定，最少的一年（1781）仅有4家，最多的一年（1757）有26家，正巧符合13家的只有1813年和1837年两年。因此，十三行只是作为经营进出口贸易专有机构的统称，并不反映确切的"洋行"数目。

清朝，被称为"千古一帝"的康熙皇帝在很短的时间内平定了三藩、统一了台湾。在这之后的近百年间，出现了一个经济繁荣、国泰民安的全盛时期，史称"康乾盛世"。也就是这个时期造就了一批富可敌国的粤商，其中，最著名的当数广州十三行行商中的领军人物——潘振承、卢文锦、伍秉鉴和叶上林。

当时的十三行享有垄断海上对外贸易的特权，凡是外商购买茶叶、丝绸等国货或销售洋货进入内地，都必须经过这一特殊组织。因此，十三行的一个明显的特征就是半官半商，

第一章　大商崛起

"粤商文化"丛书

粤商崛起

十三行的行商统称"官商",而行商的老板往往在名字中以"官"字殿后,如潘振承就叫潘启官,卢文锦就叫卢苑官,伍秉鉴就叫伍浩官,而叶上林就叫叶仁官。广州十三行拥有的这种官商性质的特权其实就是史籍上所说的"一口通商"。

康熙五十九年(1720),16名广州行商歃血为盟,联合成立公行,这也被认为是十三行起始建立的年代。1757年,广州成为中国唯一合法的对外开放的海洋贸易口岸,这不仅极大地促进了中国对外贸易的发展,也给十三行的崛起提供了绝佳的历史条件。

清政府规定,所有外国商人到广州贸易,必须先到澳门报关,经批准后,在中国引水员的带领下抵达广州黄埔港,用小船将货物运到商馆,再寻找自己合意的行商,由行商负责销售货物,其需要在中国购置的回头货也由行商负责采购,外商只须在商馆内等候即可。外国商人在广州的一举一动都在中国官府和行商的掌控之中。十三行实际上属于官商性质的对外贸易商人团体,行商为外商代办进出口货物应纳税银等事务;外商若要向中国官府反映情况或提出要求,也由行商负责代为转达。清政府官员不直接同外商打交道,政府关于外商的一切命令、文书均通过行商转达,并由行商监督执行。清政府对海外贸易的严格管制,使得许多行商带有典型的官方色彩,因此被称为"红顶商人"。

基于政府所赋予的"一口通商"特权,广州十三行垄断了中国的对外贸易,成为当时唯一合法的"外贸特区",十三行的贸易额迅猛增长,也使得广州成为清代的对外贸易中心。据记载,1850年,广州的经济总量在世界城市经济十强中名列第四;1875年仍列第七。广州十三行由于财

清代十三行一角

"一口通商"的繁华景象

大气粗,也被清政府视作财源滚滚的"天子南库",当时广州十三行向清政府提供的税收占全国的40%之多。

可以说,近代是粤商崛起与发展的重要时期,海外贸易的冲击促使粤商接触到现代工商业,也使得早期粤商所涉及的行业多与外贸有关;早期十三行在外贸行业的经营,为后期的粤商积累了生存与发展的原始资本,也开发了不少海外市场,从而极大地扩大了粤商的社会影响力。粤商作为一个声名显赫的商帮,开始受到世人的关注。

那么,当时的粤商为何能占尽经商的三大要素——天时、地利、人和呢?这里讲起来还有一段鲜为人知的"洋人告御状"的史实。

这位洋人是千年来首名上京告御状的外国人,他的中文名叫洪仁辉。

1756年,英国征服了印度,成立东印度公司,企图对中国进行以武力为后盾的商业侵略。他们先派英商通译员洪仁辉北上宁波、定海、天津进行所谓的贸易活动。多年未见过外国人的地方官员不但对洪仁辉非常热情,对英船上的货物也颇感兴趣。然而,频繁来往的洋船却让乾隆皇帝警惕起来。

第一章 大商崛起

"粤商文化"丛书
粤商崛起

1757年，洪仁辉又一次来到宁波，半船货物被地方官府没收，船上的火炮也被收缴，地方官府并不做任何解释，只是通告洪仁辉，不得在广州以外的任何地方做贸易。初尝甜头的英国人怎肯就此罢手，放走一个潜力巨大的贸易市场。

在宁波的贸易被阻后，英国人竟派洪仁辉向乾隆皇帝告御状，并揭发中国地方官员的贪污腐败行为，同时提出了多口通商的要求。这使得乾隆皇帝龙颜大怒，不仅驳回了洪仁辉的多口通商要求，还把他抓了起来，以"勾结内地奸民，代为列款，希图违例别通海口"的罪名，"在澳门圈禁三年，期满后驱逐出境"。接着，乾隆皇帝诏告天下，所有对外贸易只能在广州进行，其他海关一律关闭。

没想到，这个金发碧眼的英国人洪仁辉就这样促成清政府开始实行"一口通商"。在此后的80多年间，广州成为西方国家进出中国的唯一通道和贸易场所。全国进出口货物也随之汇集到广州，广州十三行迎来了历史上的鼎盛时期。

位于广州市沿江路上一座带有典型欧洲建筑风格的大楼，就是中国最早设立的海关——"粤海关"大楼，广州人习惯叫它"大钟楼"。不过，这里并不是粤海关的原址，最早期的粤海关是在这座大钟楼向东约1 000米的五仙门附近，可惜原址已不存在。鸦片战争后，洋人将粤海关的管理权一分为二，我们现在看到的大钟楼由洋人把控，负责对外贸易业务，称为"洋关"，而旧粤海关由中国人负责民间贸易业务，称为"常关"。粤海关，见证了近代粤商的兴衰和荣辱。

据《海山仙馆丛书》影印

"粤海关"大楼

四、一个商帮的百年崛起

广州"一口通商"造就了十三行商人的崛起。伍家怡和行、潘家同文行、卢家广利行、梁家天宝行等均为十三行的著名行商。因和外国人做生意,所以行商都有一个英文名,如同文行为 TUNGWEN、怡和行为 EWO、广利行为 KWONGLEI。十三行以其得天独厚的地理位置和商贸传统,一度成为唯一的"对外贸易特区",独享外贸特权,鼎盛时商行多达几十家,巨贾辈出,富可敌国。根据记载,1822 年,十三行曾发生大火,烧毁了价值 4 000 万两白银的财物,大火中熔化的洋银满街流淌,流满了一二里地,仅此我们可以想象十三行全盛时期的繁荣与富有。

(一) 同文行与潘振承

潘振承,字逊贤,又名潘启,出生于 1714 年,26 岁时与几位族人到广州打拼。潘振承为人勤恳诚实,办事精明,还有一个特长,就是精通几门外语。在当时并不是很多中国人懂外语的年代,潘振承的这一特长,不能不说是一个绝对的优势,以至于后来他在十三行与洋人做生意时得心应手,潇洒自如。据说,潘振承是当时所有粤商中认识洋商最多而且与他们交往最深的一位。

同文行由潘振承创立,时间在 1743 年前后。1753 年,同文行抓住机遇,与英国东印度公司做成了一笔巨额生意。英商与潘振承签订了一份合约,英商需要 1192 担[①]生丝,每担 175 两,预付金 160 两,4 个月左右交货;此外,还签订了 1 900 匹丝织品和 1 500 匹南京布的合约。这笔交易加速了潘振承向富豪迈进的步伐。

潘振承肖像

---

① 1担=50千克。

"粤商文化"丛书
粤商崛起

  当时,中外贸易多以物物交换的方式进行。英国商人需要大量的丝、茶,运到中国的主要是毛织品,可毛织品在中国并没有多大销路。潘振承抓住这一机遇,在与英国签订合约时,明确提出,如果英商需要他推销毛织品,则必须多买他的茶叶,且要多付茶税;如果不要他推销毛织品,则他的茶价可降低4%。据统计,1773年,潘振承承销2份毛织品,英商向他订购7 500担茶叶;1784年,潘振承承销6份毛织品,英商则订购12 000担茶叶。同文行在外贸交易中始终掌握主动权,英商虽满腹牢骚,但也无可奈何。同文行的贸易区域遍布当时欧洲以及东南亚各国,还有美洲部分地区。可以说,潘振承参与了当时的全球化贸易,已经是世界级大商人,也是广东行商的领头羊。

  广州市海珠区同福西路龙庆北街有一座看上去已经凋残破旧的宅院,如果不是门口那块文物标牌,外人怎么都想不到这里就是清代广州首富潘振承的潘家花园。不过,按有关史料描述,原来的潘家花园包括现在的龙溪首约、潘家祠道等,南北长600米,东西宽约300米,总面积达18万平方米。而且花园内有六松园、南雪巢、清华池馆等十几处建筑,可以想象当时潘家花园的豪华气派。《法兰西公报》当年曾刊登一位法国商人的文章,其中描述道:"我最近参观了广州一位名叫潘启官的中国商人的房产。他每年在这处房产上的花费达300万法郎……这一处房产比一个国王的领地还大。……整个建筑群包括三十多组建筑物,相互之间以走廊连接,走廊都有圆柱和大理石铺的地面。……这花园和房子可以容得下整整一个军的人马。房子的周围有流水,水上有描金的中国帆船。流水汇聚处是一个个水潭,水潭里有天鹅、朱鹮以及各种各样的鸟类。园里还有九层的宝塔,非常好看。"

  在今天的瑞典"哥德堡"号博物馆,还有一幅潘振承的玻璃肖像画,瑞典人称他为"潘启官一世"(Puankhequa I)。这幅画像据说是潘振承送给瑞典东印度公司老板尼古拉斯·萨格林的。潘振承年轻时曾三次前往菲律宾做生意,还会说一口流利的葡萄牙语,瑞典东印度公司"哥德堡"号到广州基本上就是和他做生意;潘振承也在瑞典投资设立了海外贸易公司。在哥德堡大学图书馆,至今还珍藏着一份1767年的贸易合同,上面有潘振承的亲笔签字。当然,潘振承的同文行不仅与瑞典东印度公司做生意,也与英国东印度公司往来甚密。有史料记载,1772年,同文行成为广州第一个接收伦敦汇票的行商;1775年,英国东印度公司付给潘振承仅生丝和武夷茶合约的预付款就将近16万两银元;1783年,同文行退赔英方的废茶达1 402箱,价值超过1万两银元。

  1788年潘启官死后,其第四子潘有度接手同文行,洋人继续称潘有度为"启官"。潘有度继续担任广州十三行商总十多年,"盖自乾隆四十年至嘉庆二十年,夷事皆潘商父子经理"。一直到潘有度去世,十三行商总的位置才由伍秉鉴继之。潘有度去世后,其第四子潘正炜继续经营同文行达21年,其间,同文行的经济实力也通常稳定排在行商中的第二、第三位。鸦片战争爆发后不久,同文行结业。

(二)天宝行与梁经国

2000年盛夏的一天,中山大学和广州市文物考古研究所的一些专家到广州近郊的黄埔古港考察。在黄埔古港所在地黄埔村,他们意外地发现一块被水泥封严的牌匾,专家们问村民牌匾上写的是什么,村民们说他们也讲不清,只知有"左垣"二字。随行的中山大学黄启臣教授心里一阵兴奋,"左垣"是十三行富商梁经国的号啊,国内外多少人都在寻找十三行的有关遗迹,想不到在这里竟有意外收获。

于是专家们请村主任叫人把水泥凿开,果然牌匾上出现四个大字"左垣家塾"。梁经国,号左垣,广州黄埔村人。梁经国幼年丧父,与母亲相依为命,家徒四壁,一贫如洗。他无法入学读书,白天到距家30多里外的广州做小贩生意,夜晚则回家帮母亲织布。梁经国18岁(1778)时,入冯氏洋行做伙计,学习洋行商务。这一做就是整整30年。19世纪初叶,中英关系恶化,在政商夹缝中生存日益艰难的广州十三行行商纷纷破产或陷入经营窘境。而在这种内外交困的形势下,梁经国竟然大胆创立天宝行,正式成为广东十三行行商之一。梁经国之所以能在行商纷纷倒闭的形势下创立天宝行,是与他的诚实能干、忠诚老实和冯氏行商的帮助扶持密不可分的。梁经国入十三行冯氏洋行做

"左垣家塾"遗址

"粤商文化"丛书
粤商崛起

伙计，诚实能干，毫无私心。特别是在冯氏赴外洋的十多年间，其一人执掌行商业务，生意仍然蒸蒸日上，颇有盈余。待冯氏回广州，梁经国如数向冯氏交代，使行主十分感激。于是冯氏给予帮助，使之得以请旨创立天宝行，让其独立经营。史称："嘉庆十三年（1808），受于主助，请旨自设天宝行，获准，遂得列十三洋行之一。"

天宝行创立之后，行商仍然没有摆脱破产的困境，甚至每况愈下。此时，行商均处于欠官饷和欠夷款的夹缝中，继续倒闭破产。而刚刚创建的天宝行，梁经国却以其"实在诚信"的经营方法独树一帜，生意兴隆，至嘉庆末年，达到鼎盛。在多年的洋行贸易中，梁经国的实在诚信不仅让东家欣赏，而且获得外商客户好评。梁经国开办天宝行之后，利用自己良好的商誉，争取了东印度公司长期的贸易合作。天宝行就是在东印度公司的支持下渡过难关，商务日益发展繁盛的。由于贸易蒸蒸日上，天宝行在行商中的地位也不断上升，从创立后的第三年（1811）排倒数第一位，以后逐年上升，1821年为倒数第四位，1830年、1831年升至顺数第五位。在短短的二十几年间，梁经国从一个名不见经传的小商人发展到继潘、卢、伍、叶四大巨富之后排名第五的富商。时人评论梁经国所创造的是一代粤商的神话。

后来，67岁的梁经国于道光七年（1827）十月，因年老多病而退隐。1842年，天宝行停业，而天宝行的后人则弃商从政为官和弃商从学为士了。富起来的梁经国常以自己"未能读书为恨"，所以非常重视"教育投资"。"左垣家塾"就是梁经国专门修建用于请名师管教子孙后代的学堂。现在，梁经国的后人分布于国内和世界各地，他们中的大部分是学者和科学技术人才。

19世纪中，一位经常往来于广州，并与十三行潘、卢、伍、叶、梁家族等粤商非常熟悉，名叫亨特的美国人写了两本书，一本叫《广州番鬼录》，另一本叫《旧中国杂记》，对印象中的十三行粤商做了详尽的描述。亨特最后有这样的归纳："作为一个商人团体，我觉得行商在所有交易中，是笃守信誉、忠实可靠的，他们遵守合约，慷慨大方。"

然而，作为"一口通商"特殊政策下发展起来的粤商，所积累的财富注定难以长久，尤其是处于封建王朝没落时期。1840年6月，鸦片战争爆发。广州十三行的富商积极募捐，出巨资修建堡垒，建造坚船利炮。尽管如此，仍未能阻止腐败落后的清王朝溃败。1842年，鸦片战争结束，清王朝战败，被迫签订《南京条约》，废除"一口通商"政策，开放"五口"对外通商。

这场战争是对中国政府朝贡贸易制度的挑战，五口通商的实行，使广东丧失了在外贸方

十三行首富伍秉鉴

面的优势,十三行所享有的特权也随之结束,彻底颠覆了十三行行商的利益根基。1843年9月,年届古稀的一代富豪伍秉鉴,在深深的内忧外患和褒贬不一的评判中溘然长逝,终年74岁。岭南名士谭莹所撰的墓碑文说:"庭榜玉诏,帝称忠义之家;臣本布衣,身系兴亡之局。"伍秉鉴死后,曾经独享外贸特权,富甲天下的广东十三行也在清政府的压榨下逐渐没落。

沉舟侧畔千帆过,病树前头万木春。广东十三行的辉煌与没落犹如夜空中的流星,永远印刻于历史的记忆之中。

第一章 大商崛起

第二章
乱世商战

鸦片战争后,清王朝日暮途穷。中国传统贸易模式饱受西方近代工业化潮流的冲击。此时的粤商倡导实业救国,创办工商企业,与西方开展"商战",并倾资支持孙中山领导的民主革命。众多粤籍侨商也满怀振兴实业以报国之理念,投入轰轰烈烈的洋务运动中。

一、王朝末日

春秋文化,星河灿烂;秦汉铁甲,威慑四方;唐宋商贾,富甲天下;元明文武,流传华夏。跨越五千年历史的中国,向世人展示了泱泱大国的形象。

13世纪的一个夏天,一位意大利威尼斯男孩跟随父亲穿越河西走廊,历时4年抵达中国,这个男孩叫马可·波罗。1295年,马可·波罗携带无数从中国收集的珍宝回到威尼斯,并向欧洲人描述了令人神往的中国,顿时全城沸腾。

此后的几百年里,得益于中国四大发明的传入以及新航路的开辟,欧洲步入空前繁荣时期。正当中国依然沉浸于自满之时,洋人为了让鸦片能进入中国,用中国人发明的火药轰开了清王朝的国门,首当其冲的就是广州。

虎门销烟

虎门,正如它的名字一样,虎踞在珠江口之上。这里曾经发生过震惊中外的大事件:林则徐虎门销烟。然而,当大英帝国战船上的洋枪大炮把虎门炮台轰得支离破碎的时候,人们才惊讶地发觉,昔日的蛮夷和贸易伙伴,已成为强大的入侵者。事实毫不留情地告诉人们，西方列强日趋强大，而曾经不可一世的大清帝国已岌岌可危！

1842年，第一次鸦片战争以清王朝的失败告终。清政府被迫签订了丧权辱国的《南京条约》，举国上下愤慨万分。

鸦片战争，是西方列强一直谋划的以坚船利炮为武器、以金融贸易为手段、以掠夺中国资源为目的的侵略战争。

粤人在自家门口，只能眼睁睁地看着"白云越秀翠城邑，三塔二关锁珠江"。

这里所讲的三塔是指至今仍屹立在珠江边上的赤岗塔、琶洲塔和莲花塔。几百年来，这三塔在海上丝绸之路上，为无数进出广州的商船做导航坐标。而其中建于明万历年间的莲花塔，高50米，屹立在珠江入海口西岸的莲花山上，成为从外洋进入广州的船只最先能见到的陆地标志物，因此，莲花塔又被称为"省会华表"。虽然在鸦片战争的炮火中，这珠江三塔仍屹立不倒，但三塔三关已锁不住列强战船在珠江上横行霸道。

清代明信片中的琶洲塔

事实上，在鸦片战争之前，西方国家已进入近代工业化时代，而这一时代潮流也不可避免地一波接一波地冲击着中国两千年来的传统贸易模式，影响最大的自然是当时对外贸易最活跃的地区——广州。

二、实业救国

珠江上有一个冲积小岛——广州黄埔的长洲岛，很多人对其名字都不会陌生。

长洲岛之所以名声在外，应该说全赖于坐落于岛上的一所学校，这就是大名鼎鼎的黄埔军校。离黄埔军校不远

长洲岛上的黄埔军校

处，有一段毫不起眼的河堤，如果不是重拾往事的话，恐怕连住在附近的人都不清楚。

这里曾是200多年前，一位英国实业家修建的一处船坞旧址，这位英国人名叫约翰·柯拜。1845年，约翰·柯拜在长洲岛上修建了柯拜船坞，成为广州乃至中国最早的外商实业投资项目之一。柯拜船坞的建成也标志着中国最早的近代工业模式出现。在随后的几十年间，有很多西方的实业家和企业家纷纷登陆广州及周边地区开厂办实业。但由于年代久远，战争破坏和后来的城市改造，它们中的大部分旧址现已荡然无存。现在我们有幸看到的这几座貌似碉堡的古旧建筑，是清光绪三十二年，即1906年英国亚细亚火油公司在广州芳村建成的大型金属储油罐。

柯拜船坞

令人惊叹不已的是，这些储油罐过去了整整100年还能正常使用，直至2005年。现在这里已成为广州市文物保护单位。其实，不管是英国实业家约翰·拜柯，还是英国亚细亚火油公司，当时西方工业的先进技术和商业资本源源不断地涌入广州，自然而然地影响和改变了粤商传统的经营模式和理念，同时也的确带富了一批粤商。但许多有识之士也敏锐地意识到，中国的经济命脉很大程度上掌握在洋人手里，要重振国威，只能选择洋为中用，发展自己的民族工业、商业，走自富自强的道路。

（一）郑观应与《盛世危言》

就在这时，一本名为《盛世危言》的书进入仁人志士的视野。这本书的主题是富强救国，而写这本书的正是南粤大商人郑观应。

郑观应，广东香山人，16岁时毅然放弃科举考试，到上海经商，先在宝顺洋行、太古轮船公司担任买办，后受李鸿章之邀，担任轮船招商局、上海电报局、汉阳铁厂等总买办，是一位久经商海的老将。

郑观应任总买办期间的实业都是近代工业化的产物，因而郑观应较多地接触到西方的经济理论和管理模式，他根据中国国情，提出了著名的商战论思想。

"商战"一词最早由曾国藩于1862年提出，"商鞅以耕战二字为国……今之西洋以商战二字为国"。而郑观应的"商战"则是和"兵战"相对应，主张"习兵战不如习商战"。向西方学习，不能只买其利器，造炮台、水雷，还要不遗余力地学习西方各国经济发展的模式，学习西方发展工商业的技术与管理经验。

郑观应提出，商战不仅在商业贸易领域，还应该在生产流通的各部门进行；并且，只有不断提高中国商品的质量，才能保证在商战中取得成功。"商务之盛衰，不独关物产之多寡，尤必视工艺之巧拙。有工以翼商，则拙者可巧，粗者可精。"同时，郑观应也极为注重培养懂得商业发展规则的工商业人才，认为"分门别类，以教殷商子弟，破其愚，开其智"。

郑观应与《盛世危言》

郑观应的商战论，并不是简单的说教，还具有相当的可操作性。他提出国家应革除"困商之政"，实行"保商之法"，调动一切有利于商业发展的资源为商服务，"士农工为商助也，公使为商遣也，领事为商立也，兵船为商置也"。总体而言，国家的政策制定应当以商战为出发点，围绕商务来展开。鸦片战争后，郑观应看到关税自主权丧失，海关被外国把持，提出国家应收回海关自主权，"此乃国体所保全者为尤大也"，然后改革关税，减轻出口货税，加重进口货税，促进对外贸易健康发展。

郑观应一反传统重农抑商的理念，明确主张"以商立国"，正是长期与外商打交道的经验之谈，适应时代变迁的

需要。张之洞点评《盛世危言》说："上而以此辅世，可谓良药之方；下而以此储才，可作金针之度。"光绪帝读毕感叹不已，下诏分发给朝臣阅读。可见，这些危言对改变当时中国现状无疑是一剂苦口良药，具有积极的意义。

（二）实业救国之梦

在风雨飘摇的清朝末年，郑观应的商战论无疑是振聋发聩的"危言"，但这"危言"并不耸听，它是在警醒国人，特别是粤商要重新振作，重新盘算如何富强救国。与此同时，李鸿章辞世后，在群臣中，有一个人试图通过一个庞大的复兴计划来重振国威。这个人就是在中国近代史上赫赫有名的曾国藩，而这个复兴计划就是洋务运动。

曾国藩引用清末著名学者魏源的一句口号"师夷长技以制夷"向慈禧上奏折，没想到慈禧很快就批准了曾国藩的计划，洋务运动从此拉开了序幕。寻寻觅觅，由"自强"到"求富"，由官办到民营，身处沿海，吸收多元文化的粤商在时代激流中与西方展开了轰轰烈烈的商战。除了郑观应，还有很多粤商也积极参与到这场商战中，其中包括被称为广东实业界鼻祖的陈澹浦。

1. 陈澹浦与联泰号机器厂

《广州市志·人物志》"温子绍"条目有这样的文字记载："同治十三年（1874），两广总督瑞麟筹办广东军装机器局，温子绍（1834—1907）受委派在十三行联泰号试制后膛七响连环快枪一支，仿制成功，即被委任为机器局总办。"因此，温子绍曾被认为是"广东机器工业第一人"。也有一些学者提出不同看法，认为十三行联泰号的老板陈澹浦才是广东机器工业的创始人。

陈澹浦，南海丹灶人，年轻时就在南海西樵开机器手工作坊。1837年，他来到广州十三行豆栏上街开办联泰号机器作坊，后来逐渐发展成联泰号机器厂。很多人都知道，广东南海西樵的华侨陈启沅创办了中国第一家机器缫丝厂，但鲜为人知的是陈启沅机器缫丝厂里的中国第一台机动缫丝机是出自陈澹浦之手。广东南海博物馆至今仍陈列着这台有着历史意义的机动缫丝机模型。

在当时半封建半殖民地的中国，几乎所有的内河航运均被外国轮船公司把持，陈澹浦看到发展珠江航运业的发展前途，便派孙子陈子卿到福建马尾船厂和香港船坞学习。陈子卿学业完成后，于1882年归厂并担任造船技师，亲自设计制造轮船，在南栈［河南（珠江南岸，简称"河南"）洗涌]、东栈（广州市天字码头江边）两地建设工场，南栈专门铸造大型部件，东栈为装配轮船下水之所。1884年，以蒸汽机为动力的广州第一艘轮船终于成功诞生，并被命名为"江波"号。不仅如此，陈澹浦还积极扩展业务，制造了"江汉""江明""江水""江电""江飞""江苏""江利""江天"等8艘内河轮船，为航运业做出了巨大贡献，由此被载入广州造船业史册。其子陈桃川为纪念父亲陈澹浦的功绩，于1929—1930年间在老家南海丹灶镇良登村自行建造一间"澹浦陈公祠"，也许这是世上现存纪念这位民营企业家的唯一遗址。

在清末的洋务运动中，除广东本土的粤商，粤商群体中的另一个重要组成部分——广东的华侨商人，也就是侨商，自始至终起着举足轻重的作用。

2. 陈启沅与继昌隆缫丝厂

走进佛山南海区西樵镇简村绮亭陈公祠，一座清代二进四合院式硬山顶建筑出现在我们眼前，这便是中国近代缫丝业鼻祖、越南华侨陈启沅纪念馆。

明清以来，珠江三角洲地区已成为蚕丝业生产的中心。但由于传统手工缫丝效率低下，到晚清时期，其产量已满足不了国际市场的需求，质量也难以参与国际市场竞争。晚清之后，机器缫丝已成为世界市场发展的一种趋势。广东南海人陈启沅正是看准了商机，在家乡投资兴办继昌隆缫丝厂，成为中国近代机器缫丝业的先驱。

陈启沅，1834年出生，字正馨，号息心居士，广东南海人。少时涉猎诸子百家、星象舆地诸书。1859年赴安南（现在的越南）佐兄料理商务，经商致富。他在暹罗经商时，看到当地缫丝厂用法国式机器在缫丝，不仅效率高，而且丝质精良，联想到自己家乡还在用落后的手工缫丝，

丹灶澹浦陈公祠

陈启沅心里实在不是滋味。

1872年，正值壮年的陈启沅决定回家乡南海简村开办继昌隆缫丝厂。有了这个念头后，陈启沅多次到越南考察，参观外国人开办的缫丝厂和化工厂，用心学习工业知识和缫丝技术，并完成了《蚕桑谱》和《陈启沅算学》两部学习心得式的著作。经过多次实地考察，陈启沅决定将厂址设在南海县简村。这里蚕茧丰富，原料易购，所招女工多为本村乡亲，便于管理，且女工离家不远，无须安排住宿，节省住宿经费。至于缫丝的机器，陈启沅也是亲自绘制图纸，指导工匠按图铸造零部件，自行安装，并在运行中不断改良，因此节省了不少资金。

陈启沅对工厂的管理颇有西方科学管理制度的味道。首先，对于本村或附近村庄招来的女工，在上岗前都必须经过严格的培训，并实行计件工资制，多劳多得，年终对熟练女工进行奖励。其次，陈启沅在工厂设置巡查制度，监督女工的工作。一旦发现女工违规操作，就立即通知返工。再次，陈启沅严格控制好原材料质量，派人到东莞、顺德、香山（今广东中山）等地收购优质蚕茧，并就地设置焙茧场，采购员必须将湿茧烘干，才能起运。即使采购的是干茧，遇到雨天也一样需要烘焙，以保证质量。最后，为保证销售渠道的顺畅，陈启沅出资并派其子陈蒲轩在广州设立昌栈丝店，实现产销一条龙。

陈启沅纪念馆展品

由于陈启沅采用先进的机器设备，并对生产的各个过程严加管理，其出丝精美光洁，远销欧美，继昌隆缫丝厂由此驰名于世，成为中国第一家民间资本经营的机器缫丝厂，这也标志着中国民族资本主义的兴起。

不仅如此，陈启沅在当地大兴善举，开设寿世堂药材店，请医生免费为乡民看病送药；开设义学，兴修水利，关照村中贫苦乡亲，得到当地村民的赞誉。1903年，陈启沅在老家去世。

三、商战——中国市场经济思想启蒙

晚清以来，政治动荡，面对外忧内患，粤商以极大的爱国热情投入保家卫国的时代激流当中。徐润、唐廷枢等热心海防建设，捐巨资购买或研制西方的"坚船利炮"。一些粤商倾其所有支持孙中山领导的民主革命，提倡实业救国。众多海外粤商更是怀着振兴实业的爱国情怀，回国投资铁路、航运、百货、银行、矿业等产业。

应当说，早期传统粤商所提倡的商战理念正是中国市场经济意识的萌芽。粤商在近代中国独树一帜，无论是在政治还是经济层面，均属于最有实力的商帮，引导着早期中国工业化的走向。

传统粤商对新式企业的投资不仅立足于本土，而且逐渐向上海、天津等大都市挺进。从陈启沅在广东南海创办继昌隆机器缫丝厂开始，广东商人在家乡陆续投资船舶修造、卷烟、造纸、碾米等新式机器工业。使用机器作为动力，又一次体现了粤商敢开风气之先的勇气。不仅如此，广东商人在商业经营中十分重视组织的凝聚力，遍布海内外的广东会馆将粤商紧密地团结起来，以团体的力量参与商业竞争。在异地经营的粤商常以家乡为招牌，通过会馆整合各种政治资源，增强商业竞争力。应当说，传统粤商所从事的工商业活动，改变了广东以及粤商在海内外的形象。他们从广东走向全国，走向世界，将中国商人的经营谋略以及中华文化，传播到世界的各个角落。传统粤商开放、包容的心态，灵活善变的经商思维，以及"敢为天下先"的粤商精神，不仅带来了粤商在近现代的巨大成功，也启迪了一代又一代的新粤商。

一步为先，步步争先。粤商，这个传奇的群体，在世纪交替、朝代变换的动荡年代，凭着精明的眼光和敢想敢干的精神，在中国近代工业、商业发展进程中写下了浓墨重彩的一笔。

第三章
风气之先

"粤商文化"丛书

粤商崛起

敢为天下先，成为海内外人士对广东商人的共识。广东地处南方沿海，是中国海上丝绸之路的重要出口，得益于地理上的先天优势，自古以来处于国门开放的最前沿。近代社会，粤人最早接触西方，与西方经贸交流频繁，不仅得风气之先，而且经过消化吸收也开风气之先。他们的经营之道，无不留下敢闯天下开先河的传奇。

一、粤商精神

千年的海上丝绸之路，滋生了可与埃及亚历山大港媲美的广州、潮州、泉州等闻名遐迩的古港。乘风破浪的帆船，带来的也不仅是各种新鲜有趣的洋货，更承载着西方文化的观念。

海洋文化是一种兼容文化。广东地区一直承受着中国历史上几次移民高潮的人口压力与文化冲击。只有开放，才能兼容，因为兼容，更为开放。对内陆地区各个亚文化如楚文化、中原文化、巴蜀文化的兼容和吸收，如果说其间的差异性还比较小的话，那么广州在千年海上贸易中所经历的异国风情、异国文化就是中国所有商帮和地区鲜有的丰富多彩。和吸收并融合自北南下的中原文化一样，广州和岭南对海外文化的包容和萃取也是广东人生存发展之道，既没有明显的偏向，也没有明显的排斥，海纳百川接纳创新的商业文化就是在这种千年的文化交融中形成的（张建琦等，2012）。

中外通商，文化交流，使广东人早早地了解西方的制度、经济、科技、宗教、文化各方面的长处，其世界观、价值观、人生观均发生了新的变化，潜移默化中形成了"敢为人先、务实进取、开放兼容、敬业奉献"的粤商精神。

与其他中原地区的商帮不同，南粤由于远离政治中心，战乱较少，粤商对传统儒商文化的传承与融合也是其一大特色。所谓儒商文化,就是基于东方传统历史文化的深厚底蕴、以儒家思想积极因子为内核的特色商贸文化,现今为世界广泛认同。儒商文化具有如下特质:仁德、仁义(取之有道)、和睦、友爱、诚信、谦恭、礼敬、亲善、乐施、平和(如"有朋自远方来不亦乐乎")、包纳、宽容(海纳百川,有容乃大)、调和、制衡(过犹不及,满则溢)、张弛有道……其核心是"仁至上,和为贵"。对比观照粤商文化特点——兼收并蓄,灵活开放,寓商于娱(工作娱乐两不误),人情味浓(生意不在仁义在),务实果敢,等等,很显然,从个体外在表现形式上,粤商文化融合海内外各种商帮文化精髓并具有鲜明独特的南粤地域特色;从母体内在实质上,传承弘扬并兼具了儒商文化的许多优良特质,特别是和谐精神。

二、西风东渐

在过去的年代,所谓粤商,在外国人的眼里,就是广州商人,而在国人眼里,香山商人才是粤商的代表。过去说的香山就是现在的广东中山。它的得名是因为这里出了一位中国近代历史上的伟人——孙中山。

翠亨村,是孙中山先生的故里。1883年,年仅17岁的孙中山就离开家门,离开香山,只身来到香港西医书院求学。毕业后,孙中山应邀到澳门镜湖医院任西医师,在当时盛行中医的年代里,孙中山成为澳门第一位华人西医师,同时也开了镜湖医院西医之先河。但医学仅是孙中山的"入世之媒",这位香山人最宏伟的抱负是要推翻帝制,建立共和。20多年后,孙中山完成了自己的理想,

孙中山肖像

缔造了"中华民国"。

离翠亨村不远,有个地方叫唐家湾,现在的大多数人可能只知道唐家湾汇集了全国众多著名大学的分校,是广东高等教育的基地之一。

殊不知,100年前,唐家湾和翠亨村一样赫赫有名,因为唐家湾同样出了两位闻名遐迩的人物,人称"唐家湾二唐":一位是中华民国首任总理唐绍仪,另一位是大买办、大商人唐廷枢。唐绍仪的政治生涯是短暂而且带着神秘色彩的,而唐廷枢在商界却是叱咤风云!

唐廷枢出生在一个商人世家,他沿袭了粤商精明能干、敢为人先的传统,曾经创造了很多个"中国第一"。他修建了中国第一条铁路——唐胥铁路,开办了中国第一座煤矿——开平煤矿,铺设了中国第一条电话线。

1873年,由李鸿章创办的轮船招商局由于严重亏损,面临危机。唐廷枢临危受命,接手招商局出任总办,同为香山人的徐润以及朱其昂、盛宣怀为会办。接手招商局伊始,唐廷枢大胆地提出公开招股募资计划。合伙经商,古来有之,但公开募股,这是千年古国第一次尝试,实际上这也是后来股份公司的胚胎,史籍上也称之为"官督民办"。

唐廷枢肖像

唐廷枢成功了!招商局成功了!此后,招商局身肩使命,开先河,引领中国商业历史。时至今日,百年招商局的盛名成为华人的骄傲。

如果说唐廷枢是传奇人物,那么,另一位香山富商刘学询的故事或许更传奇。

刘学询,香山县古鹤村人,1855年出生在一个书香世家。刘学询从小就聪明伶俐而且很有文才,年轻时考中进士,但他并无心仕途,只一心想着要在商界开创一番事业。有人说刘学询的发达是靠"博"回来的,这话多少有点道理。刘学询最早是做闱厂起家的,"闱厂"就是我们现在所说的博彩业,当时这一行业不但是合法的,而且还是清政府税收的主要来源。掘到第一桶金后,刘学询在广州、澳门开了规模更大的闱厂,同时也涉足其他商业、金融业等,其生意就像滚雪球一样越滚越大。很快,刘学询就挤入中国大富豪之列。当时有文章这样评论刘学询:"其金钱势力以左右仕子之成败及官吏之进退,典试者莫不仰其鼻息"。而民间也给刘学询起了个别称,叫"刘三国",即说他"文可华国,富可敌国,妾可倾国"。

当时民间还流传一段"刘三国戏洋人"的佳话。有一次,刘学询在上海游历,看到法租界一个公园门口挂着"华人与狗不得入内!"的牌子,他一怒之下闯进公园,果然被洋人巡捕喝骂并赶了出来。刘学询愤怒之余,决定找洋人出这口恶气。于是他在上海不惜重金雇了四个英国小伙子带回广州充当自己的轿夫。打那以后,人们经常看到四个洋轿夫抬着"刘三国"在广州的大街上招摇过市,"华人坐轿洋人抬"这种事史无前例,因而引得许多路人纷纷驻足观看,拍手称快。此举激怒了驻在沙面的英国领事馆人员,他们找到当时的两广总督张之洞,要求官府出面制止刘学询的行为,谁知道张之洞并不买账,回复道:"贵国侨民自愿受雇轿夫以维持生计有何不妥!"从此,"刘三国戏洋人"就成了一段家喻户晓的佳话。

黄埔港,世界上最繁忙的港口之一。只要讲到粤商,就很自然会讲到黄埔港。事实上,一直以来,黄埔港就是海上丝绸之路的始点和终点。不过,早期的黄埔港并不是在现在黄埔

"古港遗风"现址

港这个位置,而是在其西南方向约20千米的海珠区黄埔村。在黄埔村,古港的遗迹已看不到,倒是一座石牌坊上"古港遗风"四个大字格外醒目。据当地村民介绍,这个地方最早的时候不是叫黄埔,而是叫"凤浦",只是珠江边上的一个小岛。传说古时有一对凤凰飞临这里,从此这里人丁兴旺、财源滚滚。

以前,粤人通常把江边的滩地称为"浦",于是人们便将这个地方称作"凤浦"。凤浦原来就有一个外港码头叫酱园码头,凡到广州做贸易的商船都停靠在这里,水手和洋商也都在凤浦落脚。大概是洋人的发音习惯问题,他们总是把"凤浦"读成"黄埔",久而久之,黄埔这个地名就这样叫开了,原先的"凤浦"反倒没人再叫了。到了清康熙二十四年(1685),对外贸易进入鼎盛时期,清政府在广州设立粤海关,并在黄埔酱园码头设立黄埔挂号口,即黄埔关。这就是重新修复一新的黄埔关,号称"粤海第一关"。黄埔港也从此名扬四海。

黄埔村自古以来人杰地灵、才俊辈出是不争的事实。赫赫有名的广州十三行巨富梁经国、新加坡华侨首富胡璇泽就是例子。

"三国领事"胡璇泽

新加坡曾经是"亚洲四小龙"之一,如果你到新加坡,会惊奇地发现那里到处都看得见、听得到"黄埔"这个名字,有黄埔路、黄埔河、黄埔学校,还有一位被当地人尊称为"黄埔先生"的华侨,他就是广州黄埔人胡璇泽。新加坡的开发与发展同近代广东的移民不可分割。华人在新加坡从事的职业十分广泛,涉及社会经济的各个方面。而胡璇泽就是商界一奇才。

清嘉庆年间,胡璇泽的父亲从广东移民新加坡,开设一间杂货粮商店。后子承父业,年轻灵活的胡璇泽扩大经营规模，并取自己老家的名成立了新加坡黄埔公司。所以，胡璇泽成功后，人们尊称他为"黄埔先生"。

黄埔公司经营业务范围包括面包、牛肉、蔬菜等生活必需品。到19世纪60年代，胡璇泽已成为当地华侨首富，黄埔公司也成为新加坡的著名大公司之一。

商而优则仕，胡璇泽不但成为侨界首领，也深得官府和社会各界人士的赏识和认同。1877年，清政府委任他为驻新加坡名誉领事；同年，俄国也委任他担任驻新加坡领事；1879年，日本又委任他为驻新加坡领事。胡璇泽成为历史上第一个身兼三国领事的人。

三、领风气之先

（一）黄秉常与广州照明

古人用火把驱逐黑暗，尔后发明油灯、蜡烛。1897年，科学家爱迪生试制碳丝电灯成功，彻底改变了人类夜晚的世界。广州得风气之先，成为中国人最早尝试使用电灯的城市。

说到敢为人先的粤籍侨商，不得不说第一个把电灯带到羊城的人，他就是黄秉常。

1888年，时任两广总督张之洞被电灯发出的光吸引了，派人到香港购买了发电机和100盏灯泡。此后，总督府夜夜灯火通明，市民纷纷前来观赏。电灯既然能照亮总督府，就能照亮广州城的千家万户。而第一个敢带头吃螃蟹，在广州开办电灯公司的人是广东华侨商人黄秉常。

黄秉常，广东台山人，早年到美国檀香山务工，经过艰苦努力，终成一个颇有成就的华人资本家。后由于美国人排华事件，黄秉常决定返华。

离美之前，黄秉常将打算在广州创办电灯公司的想法告诉了清廷驻美大臣张荫桓，张荫桓将此事转告当时的两广总督张之洞。已得电灯之便的张之洞兴趣正浓，于是张、黄两人一拍即合。

1890年，黄秉常的广州电灯公司正式挂牌成立。公司初始资金通过向侨商招股的方式募集，并直接从美国威斯汀霍斯电气公司采购了两台100马力的发动机和两台1 000伏特的交流发电机，发电量可供1 500盏电灯照明使用，且聘用美国技师担任工程师。

第三章 风气之先

公司先后在广州城内 40 多条街道的一些店铺和公共场所安装了 700 多盏电灯,想让羊城变成真正的"不夜城"。但由于发电成本高昂,电灯难以在普通百姓中推广,并且由于公司技术不成熟,常因故障而停电,电灯公司于 1899 年倒闭。

黄秉常的电灯梦虽然没有最终实现,但是他的电灯事业由其他人得以延续。1901 年,在时任两广总督岑春煊的批准下,旗商洋行在广州五仙门开设粤垣电灯公司,又称为五仙门电厂。1909 年,两广总督岑春煊和华商合力赎回粤垣电灯公司,并将其改组为广东电灯股份公司,至 1926 年,装机容量达到 1.6 千瓦。

(二)华侨与开平碉楼

粤籍华商同样是敢为人先的建筑文化传播者。在广东省开平市,矗立着一座座不同时期、不同风格的建筑,这就是 2007 年被联合国教科文组织评定为世界文化遗产之一的开平碉楼。根据现存实证,开平碉楼最迟在明代后期(16 世纪)已经产生,到 19 世纪末 20 世纪初发展成为一种表现中国华侨历史、社会形态与文化传统的独具特色的群体建筑形象。这一类建筑群规模宏大,品类繁多,造型别致,分布在开平市的乡村。

开平碉楼

自明朝（1368—1644）以来，开平因位于新会、台山、恩平、新兴四县之间，为"四不管"之地，土匪猖獗，社会治安混乱，加上河流多，每遇台风暴雨，洪涝灾害频发，当地民众被迫在村中修建碉楼以求自保。而在清朝末年和民国时期，由于美国、加拿大等国实施严厉的排华政策，在恶劣的生存环境下，海外的开平华侨纷纷把传宗接代的愿望寄托在家乡。他们把回国建房、买田、娶妻看作在异乡奋斗的终极目标，不断将自己积蓄的血汗钱寄回开平，为开平碉楼与村落的建设提供了充实的经济基础。在土匪猖獗的日子里，为了自保，开平的父老乡亲和华侨们纷纷集资在村中兴建各式各样的碉楼。19世纪末到20世纪40年代是开平碉楼与村落发展的兴盛时期。

开平碉楼大规模兴建的年代，正是中国传统社会向近代社会过渡的阶段。以开平为中心出现的碉楼群，是中国乡村主动接受西方建筑艺术并与本土建筑艺术融合的产物，充分体现了侨商们领风气之先的自信、开放、包容的心态。2001年，国务院公布开平碉楼为全国重点文物保护单位。2007年6月，在第三十一届世界遗产大会上，"开平碉楼与村落"成功跻身世界文化遗产大家庭。

（三）霍英东与白天鹅宾馆

领风气之先的还有一座著名的宾馆。

走进广州闹市的"世外桃源"——榕荫如盖、历史悠久的沙面岛白鹅潭，一座精心设计的宾馆与周围环境相得益彰。这就是中国第一家五星级宾馆——白天鹅宾馆。

1978年改革开放之初，霍英东等一批香港爱国商人受中央政府邀请前往北京，商讨八大酒店的投资建设问题。霍英东积极响应中央政府号召，并迅速与广州协商确定兴建酒店一事。与部分回国投资的港商不同，霍英东投资兴建白天鹅宾馆并非为了赚钱，"而是出于一个居住在香港的炎黄子孙对祖国、对父老乡亲们的一点心意"。霍英东的爱国之举也得到政府的赞赏，白天鹅宾馆在八大酒店中最先获批立项。

广州白天鹅宾馆是中国内地第一家五星级宾馆，也是第一家由中国人自行设计、施工、管理的大型现代化酒店。1985年被世界一流酒店组织接纳为在中国的首家成员，1990年被国家旅游局评为中国首批三家五星级酒店之一，1996年荣列国家旅游局举办的首次全国百优五十佳饭店评选榜首，并连续多年被国际旅游指南和国际著名杂志报纸评为国际商务人士到广州的首选酒店。

"粤商文化"丛书
粤商崛起

白天鹅宾馆

开业以来，白天鹅宾馆创造了良好的经济效益，共接待了40多个国家的元首和政府首脑，英国女王伊丽莎白二世、美国前总统布什、尼克松，德国前总理科尔，古巴前元首卡斯特罗，美国前国务卿基辛格、西哈努克、李光耀等国际名人都曾在此驻足。中国改革开放的总设计师邓小平更是三次莅临白天鹅宾馆，并亲笔题字，这在国内高星级宾馆中是绝无仅有的。

海纳百川、兼容并包、勇于冒险和开拓创新的海洋文化精神深刻地影响了广东地区全民皆商和重商务实的近现代商业氛围的形成，这也是对传统"学而优则仕"和"农重商贱"儒家观念的创新。敢为人先，是粤人深入骨髓的精神，正是这种精神让粤商总是走在时代前沿，创造出一个又一个奇迹。而今，他们将继续前行，在新的世纪迎接新的挑战，创造新的辉煌。

第四章
商脉传承

"粤商文化"丛书

粤商崛起

粤商从诞生的那一刻起,就具有鲜明的国际化基因。"外向型的市场化模式,敢于走出国门开拓国际市场"成为粤商的秉性。粤商不仅避免了在政治经济环境剧变时迅速消亡的厄运,还一脉相承"老字号",确立在市场竞争中享有盛誉的品牌和信誉。

一、粤商四大百货

1850年,在上海黄浦江边,麟瑞洋行的大班用碎石疏通了一条小路,年轻人经常在上面骑马奔驰,这条路被称为"马路"。英租界的扩张,使"马路"渐渐成了"大马路",这就是后来的南京路。在百年前的南京路上,从香山走出来的"先施""永安""新新""大新"四大百货巨子齐聚一堂。到1914年,这条路已经成了远东最大的商业购物中心。

(一)先施百货

1874年,日后被称为"中国百货业之父"的马应彪才刚满14岁,这一年,马应彪决定跟随兄长前往澳大利亚"淘金"。赴澳之路遥远,他们从广东中山沙涌村出发,到达香港后再乘船到澳大利亚。马应彪到达澳大利亚后艰苦创业,与同乡合力创办了永生公司,主要经营蔬菜瓜果贸易。由于经营有方,生意日渐红火。在经营永生公司时,马应彪每天上班的时候经过一家澳大利亚叫作 David Jones 的百货公司,火爆的百货公司启发了马应彪,回国经营百货公司的念头由此在他头脑中产生。

1892年,马应彪毅然退出永生公司返回香港。1899年,马应彪吸纳同乡、澳大利亚及美国华侨、香港富商等11位股东的资金在香港创办了先施百货公司。1900年1月8日,第一家先施百货于中环皇后大道中172号开业，公司取名"先施"，源于英文"Sincere"为诚实之义。马应彪后来对"先施"一词也做过阐释，"先施"二字源于《中庸》："盖营业之道，首贵乎诚实。倘未能'先'以诚实'施'诸人，断难得人信任也。"由此，诚信成为先施公司立业的宗旨。

马应彪讲究店面布置，把大部分资金用于百货公司的装修上，只以5 000元做流动资金。不仅如此，先施百货采取了先进的商业理念，在香港百货业创下了多个"第一"：

第一家明码标价，不讲价的公司，公司产品全部按标价出售，不讨价还价。

第一家给消费者开发票的公司，消费者购买的货品如果出现瑕疵或不合适，可以在一定期限内凭票退换。

第一家实行周末让员工轮休的公司。

第一家雇用女售货员的公司。启用女店员，统一着装，微笑服务。

随着香港先施业务的不断发展，马应彪又将目光转向内地：1912年6月20日，成立广州先施百货公司（华夏公司）；1917年10月20日，成立上海先施百货公司。

为吸引客户，马应彪在广州经营先施百货时也花了不少心思。他在先施公司的顶楼开设天台游乐场，每晚提供电影、表演、粤剧、杂技、魔术、舞蹈等项目，并在公司楼内架设当时极为少见的电梯，吸引了不少顾客。如今的广州街头，随处可见"二元店""十元店"，这种薄利多销的促销方式早在当时的先施公司就存在了。先施在公司楼内设置"一元商品"专柜，把残次和积压的商品搭配成一

先施百货

元的商品包，供顾客选购。这一方式颇受顾客的欢迎。在公司员工的管理方面，马应彪也下了很多功夫。当时先施公司员工的工资级别分得很细，年终有双薪及优秀员工的分红，并且还有多种多样的福利，如早晚提供免费餐、每月发放茶水费、聘请医生为员工免费看病等。不仅如此，对于某些优秀员工，公司还出让股份，这更进一步激发了员工的工作积极性。

马应彪先进的营销方式、管理方式为其赢得了广泛的赞誉和名声，当时广州的先施百货成为广州乃至华南地区最大的企业之一。

马应彪被誉为"中国百货之父"，不仅因为他开创了中国第一家百货公司，而且因为四大百货公司和他都有或多或少的关系，都受到先施的影响。

（二）永安百货

先施的成功刺激了同是广东中山人的郭乐、郭泉兄弟。

郭家是世代务农的小康之家，早年郭乐投奔大哥到澳大利亚发展。郭泉15岁去了檀香山，被一位美国律师收下做杂役小工。之后他几乎每年换一份活计，他认为不安分的人才能有大出息。郭家兄弟早年在澳大利亚做蔬果生意时和马应彪相识并开垦荒地，种植热带瓜果，赚了一笔相当可观的钱。此时，他们带着强烈的民族意识，把目光投向香港，开始创办永安百货。

1907年8月28日，永安百货在香港皇后大道中167号开业，资本为10万元，与172号的先施公司仅几步之遥。由郭家三弟郭泉主持的香港永安并没有复制先施，走

上海滩的永安百货

恶性竞争的路。永安公司从女店员的容貌、商品的花色、商标都与先施有所区别，营业大有发展。1916年，资本增至200万元；1930年，自有资本增至400万元；不久，自有资本又增至630万元。随着经营的扩张，郭氏兄弟开始转战上海。

上海永安百货比上海先施百货晚开一年，与香港情形一样，同为广东香山老乡的马家和郭家又在上海滩做起了同一份生意，在竞争中留下了精彩的商战故事。1933年，先施原本要盖五层楼，后听说永安是六层，于是临时加盖了两层。永安也不示弱，当即决定在屋顶加一个绮云阁。先施自然咽不下这口气，马上又加盖一个摩星塔。接着，永安公司索性在老楼东侧扩建了19层92米的永安新厦，成为当时仅次于国际饭店的南京路第二高楼。其中，第七层的七重天游乐场在十里洋场名噪一时。

先施与永安的开张，是上海繁荣年代开始的标志。南京路因此成为中国第一商业街，其商脉延续至今。

（三）新新百货

20世纪20年代，先施和永安百货的成功使得不少人认为创办百货公司是一件大有赚头的事。正值先施港、沪会计制度问题，原供职于上海先施的"监督"黄焕南、经理刘锡基、澳大利亚华侨李煜堂和李敏周叔侄等人开始筹建创办新新百货。

新新百货旧照

古书《礼记·大学》有云："苟日新，日日新，又日新。""新新"寓意日新，日日新。1926年11月20日，新新百货在上海正式开业，是第一家在中国政府注册的百货公司。

为了抢占市场和客户，新新百货创新经营理念，将经

第四章　商脉传承

营销售的产品定位为国货,并打出倡用国货的旗号,与先施、永安经营国外货物的做法形成鲜明对比。新新百货还擅长借助广播媒体,在公司六楼设置了四壁皆为玻璃墙的"玻璃电台",这一"电台"于1927年3月19日正式开播,成为第一座中国人自设的播音电台。"玻璃电台"不但大力宣传新新公司的产品,还能够满足广大顾客的好奇心,吸引了不少上海人前来购物。自此,南京路上形成了先施、永安、新新三大百货三足鼎立的局面。

(四)大新百货

四大百货最后一家是由蔡兴、蔡昌两兄弟创立的大新百货。

蔡兴是马应彪香港先施公司的创办人之一,创立先施时把弟弟蔡昌安排进先施公司任职。蔡昌工作十余年,留心先施公司运作的每一步,之后开始和兄长谋划独立开设百货公司。

大新百货

1912年,大新公司在香港德辅道闹市区成立,英文名为"THE SUN",寓"旭日初升,大展新猷"之意,并以"旭日"为商标。由于业务发展良好,几经筹划后,经多次集资,兄弟二人又在广州和上海开设了分公司。为了能在同业中站稳脚跟,大新公司从一开始就很注重营业方式。早在筹备期间,就曾组织各部门负责人东赴日本实地考察有关大型百货商店的经营方式。

在接待顾客方面,大新公司积累了不少经验。在大厦里专设了吸烟室和公共电话间,以便顾客使用。在商场中设有咖啡室,在地下商场设有大众化的冷饮部,以便顾客休息。在每层楼的电梯间,设有购货指南牌,使顾客知道各部分在什么地方。同时设有问讯处,为顾客解答问题。

在每一类售货部位都设有小型木椅，以便招呼顾客坐下拣货。

当时坐落在广州西堤的大新公司楼高九层，是20世纪20年代广州最高的建筑。大新公司的建筑一至七层是百货，八至九层及天台则是游乐场所。公司自置水电等设备，并设有四部电梯。同时，还在大厦的东侧修筑汽车通道，小汽车可以盘旋而上至顶层，这种豪华气派一时成为广州城中新闻。自大新公司在广州开业以来，"游公司"成为当时百姓茶余饭后的重要消遣。粤商百货公司就这样在香港迈开了第一步，随后逐渐向内地发展而壮大。

四大百货的兴起得益于时代发展，得益于马应彪等人敏锐的商业意识和创新精神，也得益于粤商血液里流传下来的讲诚信、重信誉的基因。为商之道就是为人之道。从四大百货看一个个老字号牌子，向我们展现的也是一种闪耀的光辉。

二、粤商老字号

（一）致美斋

"食在广州"流传已久。粤菜驰名海内外，除精心选料和独特的制作技巧外，还与别具风味的调味品紧密相关。

"未临其门，先闻其香。"这是老广州对致美斋酱香的评价。

广州致美斋食品有限公司起源于1608年明末清初的"致美斋"酱园，与北京"六必居"、上海"冠生园"、长沙"九如居"合称为中国四大名酱园。

致美斋的创始人刘守庵具有清朝八旗子弟的血统，出生于书香之家。具有生意头脑的刘守庵将致美斋酱园选址于广州城内赫赫有名的城隍庙前，这里每年都会举办盛大的祭拜活动，是城内最大的闹市，致美斋的名声也很快在广州流传，生意日渐红火。

1915年，时任致美斋掌门人刘养年决定进一步扩大经营。当时文德路一带正在修路，刘养年趁势扩建酱园工场，重修铺面，引出了一段"杀地变旺地"的传奇故事。

致美斋当时重修的铺面正好位于城隍庙前的路口拐弯处，根据风水先生的说法，这个位置"既有邪气，又居生杀地"，为生意人之大忌。而刘养年偏偏不信这一说法，决心要将"生杀地"改造为广招顾客的"龙口地"。经过多次考察，刘养年依据地形特点，设计了"刀型砧板地"铺面，铺形似杀猪刀，状成砧板地，正门五级台阶，第一级呈弧形，像砧板状，

第四章　商脉传承

其余四级皆为一字而过。整座建筑就像一把杀猪刀：铺面建在弧形位置上，酷似刀口，尾部建在弧位尽处，俨然刀柄。从远处观其铺面，刀口向外弯。

致美斋别出心裁的"刀型砧板地"建筑结构，其实是刘养年的经营策略之一，刀型砧板的寓意是"实斩"，用广州话读就是"实赚"的意思。铺门口的五级台阶，也是一种匠心独具的设计：商品高高陈列在上，让顾客有货真价实的感觉；顾客进入致美斋，必须沿着台阶一步一阶，含有毕恭毕敬、诚心诚意购货之意。

致美斋改建后，打破了人们的传统观念，显示了致美斋的商业实力和气魄，建筑造型本身也吸引了顾客，生意越来越红火，原来的"生杀地"果然变成了"龙口地"。几百年来，致美斋诚信经营，不断创新，中国第一瓶白酱油就是由致美斋研制的。

百年老店致美斋

在致美斋数百年的酱料酿造生涯中，至今还流传着一个故事，尤为令人难忘。这就是发生在20世纪70年代初的一次绝密任务。时任美国总统尼克松访华临别时，为其举行了一场答谢宴会。那次宴会菜单上有一道菜需要白色的酱油做调料，如果从美国本土运来北京，时间又不允许，于是商业部把这项艰巨而特殊的任务交给在调味行业一直领先的广州致美斋食品厂，要求厂家在48小时内研制出来。致美斋当时立刻把两个下了班的师傅叫回厂里，两位师傅通宵研制白酱油。最终在不到24小时内造出了50千克的白酱油，并直接专机运到北京。致美斋厂家以高度的责任感和精湛的工艺技术，通过了这场秘密任务的考试，为中美友谊谱写了不寻常的一曲。

如今，中国已有十多个厂家生产白酱油，但是人们不会忘记，致美斋生产了中国第一瓶白酱油，是"中国白酱油之父"。所谓白酱油，就是在保持酱油风味的基础上，将传统酱油用活性炭等技术脱色加工后的无色酱油，该酱油过去广泛运用于西餐配料中。现在，白酱油也逐渐运用于凉拌菜的制作中，并运用于广东人生活中的早茶中。

广州致美斋在上百年的经营中，始终坚持将传统生产工艺与现代化技术相结合，并积极引进先进的生产设备和工艺，生产出深受顾客喜爱的酱油，享誉海内外。

（二）王老吉

广东鹤山市古劳镇上升村，被誉为"凉茶之乡"，也是王老吉的故乡。这个村至今家家户户仍保留着从祖上流传下来的煲凉茶的习惯。王老吉的故居坐落在村中一个小池塘边，是一间普通的清朝建筑，屋檐装饰线条优美、图案古朴，红色花纹依然清晰可见。王老吉真名王泽邦，又名王阿吉。1828年，广州瘟疫蔓延，王泽邦在广州十三行路靖远街开设了一间凉茶铺，帮助附近的村民躲过了天花等灾难。这个消息一传十，十传百，王泽邦也随之名声大振，甚至连道光皇帝也将其召入皇宫，封为太医院院令。王泽邦开的这家凉茶铺就是日后的"王老吉"。王老吉凉茶不仅畅销两广，湖南、湖北、江西、上海乃至北京都有销售。王老吉凉茶还随着不少赴东南亚等地谋生的广东人传入东南亚各国乃至美国。其著名的橘红底杭线葫芦的商标也成为第一个在港注册的粤商商标。

1949年，"王老吉"被一分为二，广州王老吉凉茶被归入国有企业，而在香港的王老吉则依然由王泽邦家族后人管理经营。2002年11月，广州王老吉与香港王老吉（国际）有限公司达成共识，广药集团下属的羊城药业租赁香港王老吉商标的海外使用权，这也暂时解决了王老吉出

王泽邦肖像

口销售的问题。与此同时,为了扩大生产规模,广州王老吉进行了一次重组,引入来自香港同兴药业1.6亿元资本入股,至此,一个强大的快消品商业帝国悄然形成。

100多年来,这个凉茶老品牌始终坚持采用传统配方和工艺,一直保持着最初的口感,所以,在市场的大浪淘沙中,屡次焕发出新的生机。

(三) 陈李济

广州城区的北京路商业步行街,是广州最繁华的商业中心区,也是外地游客来到广州必去的购物游览之地。2011年4月2日,在阔别北京路13年之后,我国现存历史最悠久的制药企业陈李济药厂,重新回到这条千年古道。这一天,陈李济位于北京路旧址的岭南中医药文化体验馆正式开门迎客,为广州最繁华的步行街增添了一张"南药"名片。

在广州大道南1688号,一片现代化的厂区中有一幢别致的两层建筑,大理石的外墙和精制的木花玻璃窗,尤其是那个高大的拱门,让很多老广州人都感到似曾相识,这里就是位于工厂中的陈李济中药博物馆。打开百年雕花大门,绕过广绣屏风进入大厅,时光仿佛倒流几百年。

陈李济中药博物馆大门

陈李济开创于明朝万历年间,至今已经有400多年的历史。清朝皇帝曾御赐陈李济"杏和堂"号,与北京"同仁堂"、杭州"胡庆余堂"并称为"三大国药"。2010年9月28日,经过吉尼斯世界纪录的现场认证,陈李济成为全球最长寿的、还在运营的制药厂。粤人经商,尤重诚信。"诚信"二字在陈李济得到了充分的体现。

400多年前,广东南海人李升佐经营一间中草药店,在码头拾得一包银两,日复一日等候失主,终于原封不动地将银两归还给失主陈体全。陈感念于李,将失而复得的银两半数投资于李的中草药店。两人立约:"本钱各出,利益均沾。同心济世,长发其祥。"并将草药店取字号"陈李济",寓意"存心济世"。

广东有三宝:陈皮、老姜、禾秆草。第一就是陈皮,所以又称"广皮"。陈皮是重要的传统南药,而最出名的陈皮就出自陈李济。陈李济由创办开始每年都会花重金大量收购新会柑,严格挑选,剔除杂质,并叠好装入草席包,标明入库年号,按先后顺序存入果皮仓储藏。陈皮贮存时间越久越珍贵,后来甚至成为广东历年向朝廷敬献的贡品。这样好而且数量有限的东西,如果换了别的厂家可能要"吊起来卖"。但陈李济只送不卖,把一些优质客户或重要社会关系作为公关对象,取得"陈李济有好药"的声誉。"陈李济"能活到413岁,常变常新是关键。

最令人拍案叫绝的莫过于它发明了蜡壳药丸的制作工艺。蜡壳药丸在300年前是贵重药品的代名词。岭南天气潮湿,药物不易保存。300年前已具一定规模和经济实力的陈李济,创造性地用蜡壳包裹,能使药物保持数十年不变。这也引发了其他中药厂中药包装的革命,后来为全国制药业广泛应用。

陈李济在营销方式上也有不少创新。封建社会,每三年一次的会试是全国的一次盛会,商家自然也不会放过这一绝好的机会。陈李济抓住会试这一宣传推介产品的机遇,派人到北京各大举人下榻的客栈以及奔赴考场的必经之路摆摊设点进行促销,或卖药,或半赠半卖,或免费赠送,还为每位举人考生送上一把印有陈李济字号的纸扇。不仅如此,每到揭榜之日,陈李济则对高中进士的举人进行大张旗鼓的宣传。举人们参加完会试后,总会购买一些陈李济的蜡丸,带回家乡,作为珍品馈赠地方显要和亲友。陈李济的药品就这样传遍大江南北,成为"广药"的代名词。

(四)陶陶居

早茶是岭南地域文化的一大特色。无论是聚会交友,还是生意会谈,人们都热衷去茶楼。一壶浓茶,几份点心,各种小吃,既联络了感情,又促进了生意。特别是在闲暇假日,全家老幼登上茶楼,围桌而坐,饮茶品点,畅谈国事、家事、身边事,更是合家欢乐,其乐融融。

广州西关第十甫的陶陶居就是著名的粤式茶楼,它创建于清朝光绪年间,至今已经有

100多年的悠久历史。据传,清朝维新派领袖人物康有为在广州开设万木草堂讲学宣传维新变法思想时,常到陶陶居饮茶,陶陶居老板便请康有为为茶楼写一块招牌。康有为欣然提笔,其题字一直留存至今。陶陶居也不负金字招牌,自其开业至今,声名远播,历盛不衰。究其原因,和老板的精明分不开。

广州人饮茶特别挑剔,除注重茶叶质量外,还讲究泡茶用水,要求茶靓水靓。上等茶泡以山泉水,煮水时以刚冒小龙虾眼气泡为宜,广州人俗称"虾眼水",据说这样泡出的茶最醇最香。

陶陶居初创之时,雇用十多名工人专门去白云山九龙泉挑水泡茶。为了吸引路人的注意,工人们先用大板车拉水进入市区,又改用数十名挑夫换成插小旗的红色扁担,挑着写有"陶陶居"字样的红色木桶吆喝前行。其水桶加盖,盖上加锁,骑缝处贴着"九龙泉水"砂纸条,招摇过市。这个别出心裁的"水桶广告"使陶陶居的招牌远播四方,至今还有老广州人将此作为"讲古"的谈资。

陶陶居的掌门人陈伯统喜欢结交文人雅士。曾设立奖金以"陶陶"两字征联,并将入选佳作挂在厅房门前,供茶客评点欣赏,一时传为美谈。这种浓郁的文化氛围也吸引了民国时期的文化名流,如鲁迅、许广平、巴金等都光顾过陶陶居。名人的广告效应,为陶陶居争取了更多的顾客。

陶陶居总擅长"偏师制胜"。每届中秋,均发放月饼。中秋过后,又雇人深入大街小巷吆喝回收陶陶居包装精美的月饼盒,给人以销路广泛的印象。这种独特的推广手段可以说是一大发明。陶陶居平日还制作"孖寿桃",招徕顾客。所谓孖寿桃,就是两个相连的桃形包子,包子上各盖

民国时期的广州陶陶居

有一个红色"陶"字,也就成了"陶陶",至今广州人还把陶陶居称为"孖陶"。

陶陶居一向以色香俱全的正宗粤菜、名茶美点声名海外,传统的制作工艺加上独具创新的烹调方法是长盛不衰的制胜法宝。

每到周末,在这家享有"中华老字号"的百年老店里,络绎不绝的客人一边享受美味,一边谈笑风生。

(五)莲香楼

除了陶陶居,广州还有一家老字号享誉国内外,这就是有"莲蓉第一家"之称的莲香楼。

莲香楼

莲香楼的前身是1889年在广州城城西一隅开设的一间专营糕点美食的糕酥馆。那时,广州的富裕人家多聚集在西关一带,那里饮食业非常兴旺。糕酥馆的老制饼师傅积极改进原有制饼工艺,独创用莲子制作饼点馅料一法,深受广大顾客的喜爱。清光绪年间,糕酥馆改名为"连香楼",并扩大经营,开设了3家分店。连香楼精益求精,为了保证饼食质量,严格选用当年产的湖南莲子。由于坚持诚信经营,制作精细,连香楼的生意一直很红火。清宣统二年(1910),一位名叫陈如岳的翰林学士,品尝了莲蓉食品后,有感于莲蓉独特的风味,提议给连香楼的"连"字加卜草头,众人一致赞同,他遂手书"莲香楼"三个雄浑大字。高悬于莲香楼门前的金漆牌匾上的"莲香楼"三个大字,便是这位学士的手迹。

从此,莲香楼制作的莲蓉食品,进入千家万户,被誉为"莲蓉第一家"。近百年来,莲香楼虽几经风雨,历尽沧桑,人事沉浮,而生意始终兴旺。老一辈的莲香楼职工自

豪地说："莲香开业至今，百多年来从未亏本。"莲香楼还大力发展品牌月饼的生产，有计划地购进和改造生产机械设备，逐步向机械化生产转变。

1993年，莲香楼被国内贸易部授予"中华老字号"称号；1998年，经国内贸易局批准为"国家特级酒家"。

三、老字号传承

人们不断地书写着历史，粤商也在不断地创造品牌。把握自我，搏击商海，厚德、诚信、实干已经成为入骨入髓的粤商品德与粤商精神，深刻地影响着一代又一代新人。

老字号的初生、发展壮大及变迁正是广州商业乃至粤商历史的缩影，也成为粤商的一张张闪亮的名片。然而，近年来，由于制度变迁、经营不善、拆迁等原因，许多老字号经营难以为继，甚至逐渐淡出人们的视野。历史上，广州有9家以"如"字命名的茶（酒）楼，广州人取其谐音称之为"九条鱼"。广州解放时只剩下5条，它们是中山五路的惠如楼、南华中路的三如楼、光复路的太如楼、三角市的东如楼和北京路上的南如楼。而多如楼、瑞如楼、福如楼、天如楼则在中华人民共和国成立前就已经消失。2000年12月，三如大酒楼关闭，最后一条"鱼"消失。近年来，包括王老吉凉茶、莲香楼等均陷入各种困境中。

未来，从商脉传承和文化保护的角度，应当创新模式来对这些老字号进行挖掘、整合和开发利用，将之视为重要的珍稀国有资产和城市资产，出台法律法规，改善它们的生存环境。唯有如此，粤商老字号才能继续保持它们的金字招牌，扬我粤商之威。

第五章
广商造富

一、广商的地域与文化特征

在广东省湛江市徐闻县埠前街,静静地坐落着一座经历了400多年风雨的会馆。这就是徐闻的广州会馆。会馆朝南,三进,除了中轴线主体建筑,其他厅堂、斋室、廊庑、厢房等建筑和驼峰、墀头、斗拱、墙壁、踏道、梁架等采用砖雕、灰塑、木雕、铁铸、陶塑等风格各异的工艺作为装饰。整体建筑依照传统广府风格,做工精细。该馆于1756年重建。大门横额有清光绪七年(1881)孟冬重修时岭南近代学者陈澧题的"广州会馆"石匾。大厅前楹柱上有清咸丰年间探花李文田作的一副长联:"灵迹遍区中览粤会东环拱极遥涵海国,雄州开岭表洊浈流南汇朝宗咸卫仙城。"

大约400年前的明代,广府商人就和海南、潮州、钦廉、高州的商人结成商队到海安港经商。日久天长,这些商人就形成了广帮、琼帮、潮帮、钦廉和高帮等数大派系,为了营业、团聚方便,从清乾隆年间开始,徐闻广府人就集资兴建了"广府会馆"。

徐闻广府会馆,是粤西地区规模最大、保存最完整、装修最精美的清代会馆建筑。它凝聚了旅居在雷州半

徐闻的广州会馆

岛的广府人创业之艰辛，尽显岭南建筑风格。广府人主要居住在北江、西江流域及珠江三角洲一带，由早期的北方移民和古越族杂处同化而成，受古南越文化和中原文化的影响，加之千年的海上丝绸之路给予广东不同于内陆的海洋文明特质，塑造了广府人务实、开放、敢为天下先的精神品质。

广府商帮最早形成，也最早受到近代西方先进文化思想影响。广府商人的务实、开放性特点或许正是受此影响，具体表现在对西方事物的大胆吸收、模仿与学习上。从历史记载来看，中西美点、西餐馆、咖啡馆、夜总会、歌舞厅均最早在广州开办。广府商帮正是在这样的文化氛围中成长起来的，其来源可以追溯到明清时期主要从事对外贸易活动的行商。在当时，西关和十三行是广府商帮早期的聚居地，并以此为中心，延伸至珠江三角洲各地。鸦片战争后，广府商帮在深重的民族危机中走向衰落。中华人民共和国成立后，内地又进行了资本主义工商业的社会主义改造，民族资本退出内地舞台。

涛声依旧，古老的船队已成为历史的回响，积淀的当然不仅是锈迹斑斑的历史。广府商人并没有就此沉寂，他们发扬了外向型的风格，在中国港澳地区和东南亚做出了惊天的伟业。广府商人代表，有香港中华商会会长霍英东，"香港纺织大王"陈瑞球，新鸿基集团郭氏父子，周大福集团主席郑裕彤，澳门首富"赌王"何鸿燊，碧桂园创始人杨国强，恒生银行联合创办人何善衡、梁銶琚，"珠宝大王"谢瑞麟，美心食品集团创始人伍沾德、伍舜德兄弟，新浪网创始人王志东，腾讯联合创办人张志东，3G门户网创办人邓裕强，真功夫全球华人餐饮连锁董事长兼总裁蔡达标，利丰集团总裁冯国纶，香港"蚝油大王"李锦记集团主席李文达等。

二、港澳再造传奇

（一）郭氏父子的地产王国

2009年，一座高490米，共118层的高楼——环球贸易广场在香港建成。兴建环球广场的不是别人，正是新鸿基郭氏兄弟。新鸿基郭氏兄弟是香港第二大富豪，在香港胡润排行榜上的排名仅次于李嘉诚，新鸿基为其父亲郭得胜一手创办。

郭得胜，广东中山人，1911年出生。20世纪20年代后期，郭得胜来到香港，在上环开了一家小杂货店"鸿兴合记"。郭得胜极具生意头脑，不管何时总是笑脸迎人，深受附近

街坊的欢迎和信任，生意日渐兴隆。数年后，郭得胜小有积蓄，改行批发日用杂货和工业原料，店铺改名为"鸿昌百货批发商行"，后来逐渐向东南亚市场拓展。

"二战"后，郭得胜紧抓香港经济复苏的良好机遇，经努力拿到日本"YYK"拉链在香港的独家代理经销权。当时，商家大量生产皮包、服装、布袋，对拉链的需求很大。郭得胜利用多年建立的零售网络在东南亚销售拉链和尼龙产品，规模日渐扩大。至20世纪60年代，郭得胜的鸿昌公司发展成具有初级规模的商业企业，每年经销货物超过1 000万港元。

1958年，香港经济发展更为迅速，尤其是房地产行业。郭得胜转战房地产市场，经过5年的打拼，终于在香港的地产界站稳脚跟。

郭氏兄弟合影

1972年8月23日，新鸿基公司以"新鸿基地产"的名义在香港挂牌上市。当年，新鸿基地产赢利5 142万港元，较预期高出50%。1981年底，新鸿基市值在9年内增加10倍，是香港股市中第四大地产公司。

1990年10月，郭得胜因心脏衰竭在香港逝世，享年79岁。自此，郭氏三兄弟继承父业，团结一致，创新经营并取得辉煌成就。

1991年，新鸿基建成半山帝景园，开创了香港豪宅的新标准。

1992年底，中环广场正式竣工，新鸿基也因此成为香港当年市值最大的地产公司。

自 1995 年起，新鸿基参与香港最大规模的商业发展计划，建成国际金融中心和两家顶级酒店，其中一家是香港最大的六星级酒店之一。

郭氏兄弟致力于发展商场计划，所拥有的 50 余座大型商厦遍布全港。其经营新鸿基 20 年，市值拓展至 2 000 亿港元，较其最初接班时增长近 8 倍。

（二）李兆基与恒基兆业

香港这片热土孕育出了一个又一个广府商人，与郭得胜有类似经历的还有李兆基。

李兆基，1928 年出生于广东顺德，小学毕业后就到父亲在广州开设的银庄工作，自小培养起对生意的敏锐眼光。

1948 年，李兆基带着 1 000 港元到了香港，他虽然只是小学毕业，却凭借着过人的胆识、稳健的经营、敏锐的眼光，积累了巨额的财富。

20 世纪 50 年代末，香港经济腾飞发展，房地产业成为市场"香饽饽"。李兆基看好房地产业在香港的发展前景，转战房地产市场。

李兆基与恒基兆业

李兆基借鉴霍英东卖楼花的模式，并加以创新，将重点放在销售工业楼宇楼花上。与大集团争相竞投官地不同，永业集团开业后买进旧楼，并将一块块小地盘拼大。经过几年的发展，永业集团尽管没有惊天动地的业绩，但资产也一直稳步增长。

1972 年，李兆基成立了自己的恒基兆业地产公司。

1997年，李兆基拥有147亿美元，位居全球华人富豪排行榜第四位，为亚洲首富。

尽管身家丰厚，但谈及个人财富，李兆基认为"不义而富且贵，于我如浮云"，做人应该有自己的原则和理想。

李兆基具有培育英才的胸怀和远见，热衷于社会公益事业，多次出资赞助内地及香港的教育事业。1979年，李兆基捐助英国牛津大学的华顿书院，并设立"李兆基奖学金"。1982年，与好友共同设立"培华教育基金"，并担任主席，资助内地发展教育和培训专业人才。1993年，被邀出任港事顾问，并成为"广州市荣誉市民"。

李兆基父子做善事不遗余力，曾在两年间捐赠3.3亿元，且亲力亲为，亲自落实"温暖工程"——李兆基基金百万农民及万名乡村医生培训。该工程于2006年12月启动，以帮助内地农民就业、提高收入水平为目的。第一期即捐赠3.3亿元，其中，用于农民培训3亿元，用于乡村医生培训3 000万元。

"温暖工程"覆盖面广，涉及全国32个省、自治区、直辖市，截至2007年末，共培训农民100万人，近94万人就业。在工程启动仪式上，李兆基指出，在尽快完成第一期百万农民培训的同时，尽可能再举办一期，使培训对象达到200万人，一人工作，全家受益，届时将有700万人受益，相当于整个香港的人口。

此外，"温暖工程"之万名乡村医生培训计划持续两年。第一期以1.1万人为试点，对乡村医生进行培训，符合资格的乡村医生将获得国家原卫生部颁发的农村医生执照，以达到"一人培训，全村健康"的目标。

（三）"赌王"何鸿燊

除了香港，澳门亦是广府商人大展宏图的又一重要地方。

初到澳门的人，都会慕名来到富丽堂皇的新葡京赌场，它别致的造型、深刻的寓意，让人叹服。叹服之余，人们总会猜想赌场的主人——"赌王"何鸿燊究竟拥有怎样传奇的一生。

何鸿燊，旗下共控制资产5 000亿港元，个人财富700亿港元，是世界公认的"赌王"。

何鸿燊出身于香港赫赫有名的何东大家族，拥有中国、荷兰、犹太血统。但是，他的成就和名望并非靠祖上荫庇。少年时父亲破产，家道中落，他饱尝世态炎凉；青年时他躲避战火逃到澳门,身上仅有10港元,赤手空拳,九死一生,最终赢得亿万身家。

1941年,何鸿燊于香港大学理科学院肄业。香港沦陷前夕,被安排到香港英军防空警报室当接线生,10天之后,经人介绍到澳门联昌公司工作。随后其因工作表现突出,被公司吸收为合伙人,由此挣得自己的第一桶金——100万港元的分红。

1961年,何鸿燊与霍英东、叶汉、叶德利等结成联盟,通过竞标获得澳门博彩专利权,共同创办澳门旅游娱乐有限公司(下称"澳娱")。1972年,何鸿燊设立的信德集团向交通业、房地产业进军,后成为跨越港澳的"超级企业家"。澳娱曾先后5次与澳门政府共同修订赌牌专营合同,该公司所交纳的税款,为澳门的平民大厦、徙置大厦等大量公共设施建设做出贡献。从1962年至2004年,澳娱所交纳的税款每年由数百万元葡币提高至80多亿元葡币,接近澳门每年税收的50%。澳门博彩业收入也由1962年何鸿燊刚接手的300万元葡币,提高到2008年的1 098.26亿元葡币。

澳门新葡京酒店

从对澳门经济的影响来说,何鸿燊是澳门当之无愧的无冕之王。在政治上,何鸿燊也积极参与爱国事业,担任澳门特别行政区基本法起草委员会副主任,以及1998年5月在北京成立的澳门特别行政区筹委会副主任,为澳门回归及稳定贡献自己的力量。

三、广商崛起

广州作为海上丝绸之路的始发点,毗邻港澳,独特的地理优势让广府人漂洋过海,在外拼搏,足迹遍布商业盛行之地。改革开放以后,广东凭着敢为人先的精神成为改革开放实验田,经济特区就有三个在广东,广府人亦在家门口开创自己的康庄大道。

(一)杨国强与碧桂园

2002年5月,广州碧桂园凤凰城销售大厅人流如潮,万头攒动,那场面不仅令负责人担心地说"太可怕了",连现场一些见过大世面的业界人士,也不无担心地说"太可怕了"。这种火爆,在当时甚至之后的地产界,只有杨国强才能创造出来。

1992年,改革开放和现代化建设进入蓬勃发展的新阶段。这一年,邓小平南方谈话的发表进一步推动了改革开放的步伐。当年10月,党的十四大明确我国经济体制改革的目标是建立社会主义市场经济体制。11月,国务院发布《关于发展房地产业若干问题的通知》,首次对房地产市场体系框架进行明确:土地使用权出让为房地产一级市场,土地使用权出让之后的房地产开发经营为房地产二级市场,投入使用后的房地产交易和租赁、抵押等经营形式是三级市场。这种经营方式和产权方面的变革具有重大意义。该通知亦提出政策措施以推动房地产业的发展,具体有继续深化城镇住房制度改革、深化土地使用制度改革、完善房地产开发投资管理、建立和培育房地产市场体系、正确引导外商对房地产的投资等内容。价格体系的开放,投融资关系的理顺,产权体系的建立,使得我国多数城市特别是南方沿海开放城市出现了一股房地产投资和开发的狂潮。据统计,当年中国房地产投资与上一年同比增长117%。此时,房地产界迎来了大力发展的春天。

同年,建筑承包商杨国强开始了自己的房地产创业生涯。杨国强,1955年出生,广东顺德人,身材消瘦,皮肤黝黑。自幼家贫,17岁前未穿过鞋。他曾放牛种田、做泥水匠及建筑承包商。1989年,34岁的杨国强成为顺德北滘镇建筑工程公司的法定代表人兼经理,作为建筑承包商起家的杨国强从此与房地产结下不解之缘。

1992年,房地产热兴起,杨国强连同几位合作伙伴在顺德桂山和碧江交界处兴建楼盘。随后,内地房地产市场崩盘。此时,顺德碧桂园项目开发商的一个股东打算退出。杨国强将其股份接盘,并以低价买入顺德桂山和碧江交界的大片荒地,建起4 000套洋房和别墅,正式进入房地产市场。但当时杨国强的主要身份还是建筑承包商,由建房转变为卖房,缘于一个"意外"。

1993年下半年,中央进行股市和房地产市场调控以挤压泡沫,并要求银行和自办房地产企业脱钩。为此,投资过亿元的碧桂园项目停滞不前。杨国强向碧桂园的开发商索要垫付的工程款,对方并未履约给付资金,而是让杨国强自行销售已完工的别墅,以楼房销售收入抵消建筑成本。由造房变为卖房,杨国强就这样"意外地"变成了房地产商。

但杨国强的房地产事业刚刚起步便遇到了重大挫折。1992年的房地产热在随后的国家宏观调控中迅速退减。由杨国强接手的碧桂园陷入困境,4 000套楼房只卖出3套。面对数百幢尚未销售的别墅,杨国强一筹莫展。

1994年,在别人的推荐下,杨国强请来了当时新华社的"记者王"王志纲。据悉,杨国强当时的初衷只是希望借王志纲的"一支笔",为碧桂园项目做一番大力宣传,希望能为碧桂园带来点人气。或许是英雄所见略同,杨、王二人在碧桂园项目营销上的一些观点不谋而合。据后来有人回忆,杨国强当时很激动,"当场拍板聘任王志纲为碧桂园总策划"。在王志纲"大手笔文案"策划及对媒体的出色调动下,通过以兴办碧桂园学校为切入点,碧桂园"枯木逢春",成就了"学校救市"的说法。

碧桂园成立学校初期,成功与北京名校——景山学校联系并成为其广东分校,加之以"领导人小孩都入读景山"进行宣传,在当地取得反响。一开校便吸引了大量顺德的外地商人以及当地的有钱人,纷纷送子女入读。学校采取了往后杨国强一直引以为豪的零息融资方式:入读学生须向学校交纳30万元教育储备金,并规定在学生毕业后予以返还。1 300名来自全省各地的贵族子弟成为首批培养对象。碧桂园也因此获得3亿多元教育储备金,初步解决资金问题。

2007年4月20日,碧桂园在香港联交所正式挂牌上市,共发售24亿股,其中,10%公开发售,招股价为4.18~5.38港元,预测市盈率16.5~21.3倍。根据碧桂园招股书,上市后,由杨惠妍、杨贰珠、苏汝波、张耀垣和区学铭全资拥有的必胜、多美、日皓、伟君及喜乐将共同拥有碧桂园公司85%的股权,分别拥有上市后的59.5%、10.2%、5.1%、5.1%及5.1%股权。以碧桂园最大股东杨惠妍100%持有的必胜公司为例,若按招股价上限核算,杨惠妍持股的市值将高达512亿港元,超过当时中国内地首富张茵的

第五章 广商造富

碧桂园一景

480亿港元,成为内地新首富。

碧桂园因其业务周转快、地价成本低、品牌价值高等受到市场追捧。此外,香港李兆基、郑裕彤等知名投资者高调参与认购。据悉,碧桂园上市获得5名企业投资者入股,其中,李兆基持有的兆基财经及新世界发展主席郑裕彤分别斥资10亿港元认购,郭鹤年持有的企业Honeybush、中信泰富及淡马锡则各自斥资5亿港元入股。后来杨国强欲收购荷兰村或TBV需要大笔资金时,也得到了社会及友人的慷慨许诺帮助。尽管最终收购不畅,但这些支持对杨国强来说无疑意义重大。

碧桂园自成立至今,以"给您一个五星级的家"为口号,发展住宅工厂模式,开发了顺德碧桂园、华南碧桂园、广州碧桂园、荔城碧桂园、碧桂园凤凰城、碧桂花园、碧桂豪园、碧桂园高尔夫生活村、碧海名轩、翠锦豪庭等十多个超大型居住社区。自1999年起每年销售总值均超过25亿元。有30 000余户来自香港、珠三角地区及各省市的富裕家庭入住碧桂园。碧桂园连年荣获全国城市物业管理优秀示范住宅小区、广东地产资信20强、广东纳税大户。碧桂园自成立以来,逐渐发展住宅工厂的模式,广东省内到处都是碧桂园楼盘。

(二)何享健与美的集团

何享健,1942年出生自顺德北滘一个农民家庭。与中国第一代企业家的基本特征相同,"文化程度普遍不高,多由村支书、队长或农村能人从田间地头转变为市场经济的拓荒者"(陈润,2010)。在创办美的之前,何享健的经历可用一句话概括:高小毕业后辍学,干过农活,做过学徒、工人、出纳,当过农村人民公社干部。

1968年5月,年仅26岁的何享健连同北滘街道居民23人集资5 000元,以生产自救的形式创办北滘街办塑料生产组,生产塑料小瓶盖。成立之初,生产场所、技术和设备都较为简陋和落后。厂房由竹木沥青纸手工搭建,仅20多平方米;生产设备和技术则依靠手工操作的简单机械加工废旧塑料而成。

1975年12月,"北滘街办塑料生产组"正式更名为"顺德县北滘公社塑料金属制品厂",转为公社企业。此后几年,工厂还生产过刹车闸,后来又转而生产发电机的小配件。经过12年的市场摸索,何享健才进入此后"呼风唤雨"的家电领域,开始生产风扇。

1980年末,美的第一台40厘米的金属台扇成功问世。次年3月,"美的"牌商标以招标形式获得并正式注册,美的集团步入发展阶段。11月,工厂改名为"顺德县美的风扇厂",何享健担任厂长。为拓宽发展路径,1984年,美的成立以风扇为主营业务的"顺德县美的家用电器",何享健任总经理。1985年4月初,美的进入空调行业,从广州某国营企业购买设备、引进技术,成立空调设备厂。1986年,美的的发展战略发生了重大调整,开始转向出口外向型轨道。至此,美的拥有风扇和空调两大系列产品。

1992年开始,我国经济开始活跃起来,房地产升温,空调业出现了前所未有的大热潮,国内市场空调需求直线上升。

1992年4月3日,广东美的电器企业集团正式成立,由顺德美的家用电器公司、顺德美的风扇厂、顺德美的空调设备厂和顺德美的冷气机制造有限公司四家企业联合组建而成,至此,美的开始向集团化发展。

1992年,全国开始大力推行企业股份制改革。顺德率先在国内进行综合配套改革,其

粤商崛起

美的工厂一景

中,最核心的企业产权制度改革准备攻坚。当时,顺德"全县一盘棋,一心抓经济",当地的乡镇企业发展得很好,如科龙、容声、万家乐、格兰仕等品牌家喻户晓。在众多乡镇企业中,美的当时还是一个名不见经传的小厂。

当时何享健对现代企业制度不是很了解,对企业内部具体怎么改也不清楚。但是他坚持的一个想法就是:企业有了一定的规模,就必须靠制度和规范去发展。

1992年5月3日,经广东省政府批准,美的集团顺利成为广东省首批进行股份制试点改革的企业之一。1992年8月7日,通过内部股份制改造的广东美的集团股份有限公司正式成立,成为广东省乡镇企业第一家股份有限公司。股份制改造是对美的以后的发展最具有深远意义的一件大事,股份制改革也体现了何享健"勇吃螃蟹"背后的远见与胆识。

1993年11月12日,美的2 277万股公众普通股在深圳证券交易所挂牌上市。继股份制改革以后,美的成为中国第一家由乡镇企业改制的上市公司。从此以后,美的发展历程便充满了"通过资本纽带实现延伸主营业务"的色彩。

自20世纪90年代开始,在"不与国内同行争市场,走出国门闯天下"的经营策略取得成功后,美的开始着手构建国内市场的营销和服务体系,改变原来粗放式的营销模式。为了更好地应对市场,美的开始对乡镇企业的"游击习气"做较大程度的改进。

1995年,以"二次创业"为主题,美的启动了"三大命运工程",即观念更新工程、素质提高工程、运作模式转换工程。在此指引下,美的内外部改造行动全面展开:公司内部实施变革,同时外部谋求国内重点区域的扩张。通过"企业再造"构建集团新一轮战略格局。改造后,公司基本功能性部门设置完善,各车间的配备也基本完善,企业运营步入规范化,管理水平也有所提高。这一年,美的空调管理走上正轨,整体管理也逐步走向现代化。

1997年开始,市场出现并购潮。尽管经过事业部制的改革,美的组织发展得到完善,但"被收购"的威胁还没有消除。因此,在接下来的几年中,美的集团的大主题就是不断地"变",不断地发展和完善。从1998年起,美的提出了"大市场、大网络、大结构、细耕作"的策略,巩固一级市场,加大二、三级市场和零售终端拓展力量,并通过收购安徽芜湖丽光空调厂,逐步建立美的芜湖工业园,成立芜湖制冷公司。同年又在重庆投资了电风扇项目,并通过收购东芝、万家乐进入空调压缩机领域,开始向上游零部件进军,构建了向纵深发展的空调产业链条,成功扩充了产品线,企业迅速成长。

2000年实施MBO及其后对企业整个机制的重组和调整,加强了企业科学化管理,改善了资产结构。美的集团通过剥离不良资产或非核心业务资产以减少债务,使得整体负债规模和财务费用支出有所降低。截至2000年11月,该集团首次达到超百亿元的年度销售规模,是顺德市第一家突破百亿元销售规模的企业,亦是在国内同等规模中单一白电企业的领军者。

数十年来,美的集团一直致力于提升自身品牌价值。2011年9月,根据"中国最有价值品牌"的评定结果,美的品牌价值达到539.8亿元,位列全国第六;企业在2011年中国企业500强中名列第70名。

(三)张力与富力地产

富力创始人张力原任职广州市天河区政府,后来"下海"经商,其间做过装修和工程设

第五章 广商造富

计。1993年恰逢广州楼市开始急速升温,各路人马纷纷杀入,他力邀来自香港的李思廉合资组建广州天力地产集团有限公司,共投资2 000万元,双方各占50%的股权,此即为富力地产的前身。

雄心勃勃的天力公司起步头一年就连续做了3个楼盘,但因为手头资金有限,项目地块都选在广州市天河区和白云区的城郊接合部,而且多是廉价的宅基地。1994年,他们在洽购广州氮肥厂职工宿舍用地重新开发过程中注意到,很多广州老牌国有企业因旧城改造需要必须陆续外迁,而这绝对是一个在市区获取大块平价土地做大众化住宅的好机会。

旧城改造也催生了一批实力雄厚的开发商。1995年,过热的房地产市场导致大量商品房闲置,国内房地产业正处于凄凄惨惨的休整期。就广东房地产而言,经过十多年的发展,可供开发的土地资源已经十分有限,在这种情况下,旧城改造就成了房地产开发持续发展的机会。"华南五虎"之一的富力地产正是在这种背景下抓住时机迅速崛起的。

1994年,他们买下一家外迁化工厂的地皮,开发公司第一个小区项目——富力新居。后来张力回忆说,"那块地靠着煤厂,又挨着铁路,没人敢买,我们就敢买。当时拿到那块地,地上的煤还有一寸多厚,我们把煤铲起来,再用水冲干净。房子建好后,每平方米卖3 000多元,买房的人排起队来,很快就卖完了。因为当时很少人搞普通住宅,市场上几乎没货,人人都去搞甲级写字楼、高档豪宅"。

富力新居出人意料的业绩,给李、张二人打了一支强心针,也使公司的战略方向初步明朗。从较早的富力广场、富力半岛,到富力现代城,前后在广州建的23个楼盘300余万平方米楼面,半数以上是市区旧厂房的拆迁地块,而令公司一夜之间名扬全国的北京富力城,原址其实也是北京起重机厂等5家老厂房所在地。

值得一提的是,富力是房地产业仅有的双老板制。有人将李思廉和张力的默契合作戏称为"李张'二人转'"。李思廉曾说过,"两人从未红过脸",这样的搭档在中国企业界再难找到。张力还补充说,虽然富力实行股份化改制后,两个各持有50%的股份,但合作至今,"我们两人没有白纸黑字地签过一份协议,没写过一份投资的收据"。父子合作都要吵架,兄弟合作都会分家,更何况素昧平生的两个人。张力笑言,"社会上像我们这样的不多,但不等于没有"。他认为是多种因素使然。"张生"爽直而心细,"李生"则儒雅温厚,两人的性格互补是显而易见的。除此之外,张力认为:"两个人都要宽容,脾气不能暴躁;双方也不要太斤斤计较,万一有时候意见不统一,先把它放下来,睡醒了明天再谈。"而更为重要的一点,就是"大家分工要明确"。张力说,正是由于两个人的工作很少有交叉,所以摩擦少一点。从职务上看,李思廉是董事长,张力是副董事长兼总经理。在工作分工上,李思廉负责公司的销售和财务,张力则主要负责选地、买地、施工等前期工作以及成本控制。"像买地,李生从来不理,我一个人说了算。我也不搞那些前期调查、市场分析,这块地能不能买,我只要去看一眼,心里算算,大概用一个小时我可以断定这块地要或者不要。我从不想听别人的意见,别人提了也白提",张力毫不讳言自己的聪明才智。他继续解释:"还有像公司招人、提拔人、搭班子,工资定多少,工程用多少钱、怎么用法,成本怎么控制,定价多少,都是我一个人说了算,我不会和李生打招呼、商量,他也不去参与。有时候也会提一些建议,但他还是强调以我的意见为准。"张生拿地,李生卖楼,张生定价,李生付款,绝不交叉。大到公司的架构、部门的设计以及对公司来讲至关重要的选地拿地,小到人员的调配、新员工的面试,如今已经年过半百的张力凡事都亲力亲为。每人工作十几小时的他,连以前常打的网球都很少打了。谈起中国地产企业的管理模式,如中海的国有企业模式、万科的职业经理人模式,张力坦言自己更看好的还是合生创展、富力的管理模式。

他认为,"我们的管理机制更贴近市场经济,基本上没有计划的那些东西,是很独立的管理模式"。有趣的是,合生创展和富力的管理模式恰恰相反。张力将合生创展的模式归纳为"诸侯式",即一个地区派一个"诸侯"管理,在一定的监管制度下,给予这个诸侯很大的权力。比合生创展授权更甚的是顺驰。张力认为,这种管理模式相对比较松散,但它的好处就是很容易扩张。与此相反,富力模式则是集权制,就是"基本上都是老板大权独揽"。张力分析说,这种方式对公司的管理就比较细腻一些,成本控制以及资金链的运作相对好一点,"具体来说,我们的风险会比他们少一点,利润要比那种'诸侯式'多20%~30%。但同时也造成了我们扩张没他们那么快"。

更让人称奇的是,富力的成本控制极其成功,从上游到下游,它不只做地产、建筑、设计甚至相关的花木移植都一手包办,不少地产企业都从它这里学习经验。1993年,李思廉与搭档张力创建富力时,公司结构松散,业务也杂,科技、实业都做,还经营过餐馆。直到现在,富力集团也是上下游产业链"通吃",包括自己的建筑公司、设计院、监理公司、物业管理公司乃至门窗厂,肥水不流外人田。

一系列楼盘的开发成功,使富力迅速崛起为广州房地产行业的领头羊。富力于2005年7月14日在香港联交所主板上市,为首家被纳入恒生中国企业指数的内地房地产企业,并

第五章 广商造富

成为市值最高的公司之一。富力地产的资金和实力已成为广东品牌地产之一,为迈向新的高峰奠定了坚实的基础。

今天,广府商人已经遍布世界各地,他们的存在也为当地的市场带来了生机与活力。然而,在经济全球化、信息化时代,正处在转轨时期的广府商帮,成就只能展示昨日的辉煌。未来该如何继续演绎财富不衰的华章,世人将拭目以待。

第六章
潮商弄潮

潮汕平原,濒临大海,商贾活跃,对外贸易商品意识早已形成,那里有被恩格斯称为"最具有现代商业意味"的港口,滋养了一代代潮商和杰出的旗帜型人物。雄踞中国港澳及东南亚的潮商实力尤为突出,他们时刻伴随着商海潮起潮落。

一、潮商的地域与文化特征

潮汕平原三面背山,东南临海,是一个既封闭又开放的地理小区域,故有"省尾国角"之称。正是这样一个特殊的区域,孕育出敢拼敢闯、勤俭刻苦、善于经营、重义崇信的潮人。

"去南洋采访,至少要懂英语和潮汕话两种语言。"一位报社老总给记者分配采访任务时说。潮人,既不是人种,也不是一个民族。这个独特群体,由于其经商的天赋、悠久的历史和雄厚的实力而拥有"东方犹太人"的称号。

潮人出海的记录最早可追溯至400多年前明朝中叶的"红头船"和潮人特有的用品"水布"。潮商的历史要溯源到中国近代,作为粤商的一个分支,其名气可与当时的晋商、徽商并驾齐驱,后来晋商、徽商没落,而潮商依旧活跃在经济舞台上。

第二次鸦片战争,中国战败,咸丰八年(1858),清政府被迫与美国、俄国、英国、法国签订了《天津条约》。条约规定,增开潮州(汕头)等9处为对外通商口岸。

这对于潮汕人来说,或许是一个睁眼看世界的时机。口岸对外通商后,潮汕地区先后有294万人离开故土,其中,到马来西亚的有147万人,到暹罗(泰国)的有69万人,其余奔赴欧、美、印度、越南等地。遍布世界各地的潮汕人将他们擅于经商的潜质充分发挥，在全球商业版图中占据重要位置，在东南亚经商的许多潮汕人更是实力雄厚，声名显赫。

历史上的潮商虽也是以长途贩运起家，但他们以海为路，诞生于海上走私活动，并以海贩业为主，其商业活动并不是在王权和官府的特许和保护下进行的，因此，潮商表现出较为独立的商人形态特征，其商业经营方式也不同于其他传统商人。传统商人多利用资本多的优势，以囤积居奇为主要经营方式，但潮商的海上贸易使他们必须根据风信定期起航，在短期内完成商业行为。所以，潮商往往有视时间如金钱的观念，更注重效率，具有抓住创业时机的商业魄力；同时，迎风击浪的航海生活赋予他们敢于拼搏的精神，因此，他们有"中国犹太人"的美誉。

清代徐珂在《清稗类钞》中勾勒出清末近代早期潮商的典型形象："潮人善经商，窭空之子，只身出洋，皮枕毡衾以外无长物。受雇数年，稍稍谋独立之业；再越数年，几无不作海外巨商矣。尤不可及者，为商业之冒险进行之精神……"也正是因为潮商从事的商业活动具有极大的风险性，所以其较早形成了风险共担、利益分享的商业伙伴关系。例如，在一条商船中，船主、商贩和水手也形成了商业伙伴关系，船主从商贩的商业利润中抽取商银，抽取程度必须按照商人的盈利水平，赢多者多抽，赢少者少抽，无利者不抽。也正是这种伙伴关系，使古代潮商群体生长出商业信用关系与团体协作精神的萌芽，并在近代形成了潮商发达的信用体系与强大的团体精神。如苏州的潮州会馆碑记对潮商就有这样的评价："公平处事，则大小咸宜；忠信相孚，则物我各德。"早期潮商经营的企业大多资本薄、现金少，这就难免发生互相借贷和赊欠的情况，有的靠写个欠条，有的仅靠口头协定，但他们全靠信用来维持。故潮谚有"无赊不成商"之语。以信用为基础的商业赊账，促进了近代潮汕商贸业的发展。近代潮汕在商业社会的逐渐形成过程中，建立了良好的信用制度，营造了浓郁的社会信用氛围，以致"在信用未坠时期，市上商人一经口头应诺，虽转瞬市情丕变，至于倾家荡产也皆履行诺约，不甘食言"。可见，近代潮汕是一个诚信的潮汕，诚信经营使近代潮商名闻海内外。

"七兑票"是一种可兑银纸币，或称为"通用银"，是潮汕商场习惯使用的通货单位。1861年汕头开埠后，潮汕商业经济日见繁盛。当时市面使用的银元，来源十分复杂，重量又不一致，难以作为商场支付的标准。于是，商场复用银两为通货单位，取重量不一的银元相配合，用纸封紧，标明重量，并加盖封银商号印章，表示负责。这种银封以每10元重7

第六章 潮商弄潮

两为标准,因此被称作"七兑票"。由于潮汕金融界商人财力雄厚,而且内部团结,组织健全,"七兑票"在商场上的信用甚至超过港币。发行纸币一般是依托国家才能成功的事,然而近代中国远未建立起全国性的信用体系,而潮汕人为适应商业经济的发展,率先创立了建立在乡土情结基础上的具有高度信用的"七兑票"制度,这是潮汕人在历史上诚实守信的突出表现。

二、海外潮商

海外潮商的足迹,最先遍及东南亚。依托东南亚潮人社会的经贸网络,潮商长期掌控着"汕—香—暹国际贸易圈",形成以泰国为中心的近代潮人商帮。当时最典型的著名潮商有新加坡种植业大王佘有进、林义顺,泰国转口贸易业和大米加工业巨头陈黉利家族,泰国米业大王高楚香家族,泰国典当业领班郑子彬,泰国粮油加工和航运业大王蚁光炎等人。

近代潮商背井离乡远赴东南亚,泰国往往是其首选之地。在泰国,不仅泰国首富是潮汕人,总数400多万人的潮人潮裔亦组成了一个在生活和生产各方面都影响巨大的移民社会。除了泰语,他们大多会使用本族群的方言;在抓吃泰国菜的同时,从不忘记潮汕家乡风味的传统美食。

1. 陈慈黉家族

在广东澄海,有一座建于20世纪前期,沉浸一个家族几代人心血的老宅。老宅占地2.54万平方米,共有厅房506间,中式典雅,西式堂皇,同时又保有潮汕民居建筑特色,素有"岭南第一侨宅"之称。此豪宅的拥有者是澄海陈氏家族,人称"慈黉爷"的传奇性人物——陈慈黉。他靠不断勤勉开拓,成为当时香港、汕头,以及新加坡、泰国的火砻(新式碾米厂)霸主。

1844年,"船主佛"陈宣衣喜得长子,取名慈黉。陈慈黉不到20岁就接替卧病的父亲全面掌管香港乾泰隆行。

19世纪中叶,工业革命颠覆了以往的经济发展模式。在生产力的新陈代谢中,陈慈黉开始转变长期以来的家族经营方式。他于1871年在曼谷开设陈黉利行,专营进出口贸易,尤其是以运输销售暹罗大米为主。从19世纪90年代到20世纪30年代,陈黉利行分行成为所在地经济实力最雄厚的大米批发商。

今天还有人疑惑,陈慈黉早在泰国建有陈氏家祠和豪宅别墅,为何还要斥巨资继续在故里修筑另一家园?对于这个疑问,从潮籍著名散文家秦牧的一首赠友人的诗中可略窥其心迹:"万里穿云燕,归巢恋旧枝。家乡甜井水,何处不相思?"正是这种思乡爱乡的热情驱使他以建造大型家园的方式来表达。

陈慈黉还是老一辈潮籍华侨在家乡兴办社会公益事业的先驱之一。他慷慨出资,前后筑桥修路,改善交通状况,以方便人们出行和货物运输;带头捐资疏浚沟渠,用以帮助农民灌溉,以保收成;兴办学校,让适龄学童都能免费就读。他独资创办的隆都前美乡成德学校,是粤东地区最早的侨办学校。

潮汕有句俗话:"富不过三代。"但是陈慈黉家族创造了历经6代经久不衰的富贵神话。这与其兼容广纳、任人唯贤的经商才略,以及严格的家庭制度不无关系。为防后代产生"大树底下好乘凉"的思想,陈慈黉建立了"延师课读"的家庭制度。

"二战"前后,在香港读书的慈黉子孙,一律住在香港乾泰隆行里,往返学校须自己坐电车或公共汽车。学成之后,从家族公司的底层做起,"始视其才而试之以事,验其成,然后再委之以重任"。

正是在这种教育培养下,第三代继承人陈立梅,抓住第一次世界大战亚洲局势较为平静的有利时机,拓展事业,把黉利家族集团滚大做强,集工商贸易、船务航运、房地产于一体,成为"泰华八大财团之首",富甲南洋。

今天的黉利后代分布在世界十几个国家和地区,而且都受到很好的高等教育,成为各个行业的拔尖人才。

陈慈黉

第六章 潮商弄潮

2. 谢易初家族

在泰国，成功的潮汕人比比皆是，与陈慈黉家族类似的还有谢易初家族。

谢易初（1896—1983），原名谢进强，广东省汕头市澄海区外砂蓬中村人。入学那年，他给自己改名为易初。这就是今天大家所知道的正大集团的创始人谢易初先生。俗话说穷人的孩子早当家，由于家境贫寒，少年的谢易初只念几年书就辍学务农了。有一次，由于被野草菇的美味吸引，谢易初便萌生"人工培植草菇"的念头。当时，潮汕尚未有此先例，少年易初就大胆试验起来。他从一个叫"关脚"的地方找到了一块园地作为育圃，在老农的鼓励指导下，认真地培育起草菇来。经过多次尝试，最后终于获得成功。乡里人赠给他一个绰号"草菇佬"。从此，少年易初更增强了对园艺活动的信心。

1921年，谢易初开始萌发创业的思想。那时正值欧战，帝国主义列强之间忙于打仗，使中国民族工业有了稍微抬头的机会。澄海县的织布行业如雨后春笋，十分活跃，所谓"街头闾里，到处机杼之声朝夕可闻"。当时，谢易初怀着跃跃欲试的心情，与人合股，在乡中办起一家小型织布厂。这是他实业思想的萌芽与尝试。谁料，1922年8月2日，一场特大的台风（俗称"海风潮"）突然发生。濒临大海的外砂首当其冲，损失惨重，谢易初的"实业梦"也被这场历史上罕见的狂风暴潮吞噬了。为了寻找第二条活路，谢易初将自己几年来培育种苗的一些资料记录连同仅剩的种子打进行李包中，决定去暹罗（今曼谷）谋求生路。

谢易初初到曼谷，在同宗的帮助下，租了一间小屋，挂上从家乡带来的牌匾，专卖家乡菜籽。这家小店取名为"正大庄"，寓"正大光明"之意。谢易初的自传记载，"初到各名产种子均被扫办，若干普通品种则被舍弃，乃赶速办名产种子接市，惟却遭受种子商之杯葛"。当时曼谷种子行情的确十分严峻，少数商人垄断名优种子，初创者每每遭受排斥与打击，这是经常发生的事。为了应付面临的各种挑战，谢易初以"光明正大"为经营宗旨，积极采取以下四项措施，以便适应商业竞争的需要：一是亲自动手，迅速采办特优品种，摆脱垄断。1924年，正是"正大庄"创办的第二年，谢易初即重返潮汕，督办一批优良菜籽，运往曼谷，及时投放市场。由于这批菜籽品质优良，价格便宜，让他赢得很高的信誉。同时，谢易初还特地取道新加坡，采购著名的摩洛哥芫荽籽来暹繁殖，确保种源的陆续接应。二是为了竞争的需要，重组正大班子，聘请族叔谢庆林摄正大廊主（经理），委任胞弟谢少飞专事财经，以便处理日常批发业务，确保商贸活动频繁往来。三是进行实地调查，及时交流信息。正大重组后，谢易初立即偕同谢庆林之胞弟谢瑞林，亲往泰国内地各府，如北柳、北榄坡、佛说、叻丕、佛丕等地，调查菜籽销售实况，了解农民对各类种子的实际需求，及时将信息报告给曼谷正大庄。四是设立示范种植区。例如，他在北榄府选择地点，种植正大庄各类名优蔬菜品种，使农民"看得见，摸得着"，选种有样板，种田有标准，这一招对当时曼谷任何一家种子商行来说是绝无仅有的。由于采取了上述有力措施，经过一段时间的锐意经营，正大庄商务拓展迅速，在竞争中崭露头角，种子的销售额大大增加，终于成为后来居上的商号之一。就在这种情势下，谢易初决定在越阁米街尾另租新址，把正大庄迁移过来，并增设零售业务，为后来的继续发展打下坚实的基础。

1941年12月7日，日军开进曼谷，正大庄被迫关门停业。谢易初暂住在新加坡吉洞渔村，以打鱼为生。栖身新加坡的日子长达3年零8个月，直到1945年，日本宣布无条件投降，第二次世界大战结束。49岁的谢易初回到曼谷、回到正大庄，然而等待他的只是"正大财政上仅存的白米百余仓"。20年的血汗就这样付诸流水，谢易初来不及伤心，立即重整旗鼓。此时正值战后，泰国经济面临复苏、起飞，谢易初抓住一切商机，正大庄开门营业。谢易初看准的是鸭毛出口，两年时间，正大庄重获新生，利润大增。1948年，谢易初将商务理顺的正大庄交给弟弟谢少飞管理，自己返回故乡去完成他计划多年的事业——创办颇具规模的选种农场。

1949年中华人民共和国成立，在人民政府的支持鼓励下，谢易初又在汕头市创办"光大庄"，重申一向的经营宗旨："正大光明"。这样，就将农场出产之特优品种和从潮汕各地收购之良种，通过光大庄源源不断地运往曼谷，再由正大庄远销世界各地。在此期间，谢易初又发明了"储藏种子十年还能发芽"的种子储藏法，确保种子的质量。故"正大"的声名与日俱增，享誉国际。随着国家建设的需要，后来在汕头的光大庄，由私营转入公私合营了。虽然没有大学文凭，但广泛、丰富的实践活动和刻苦的自学，让谢易初深刻地领会了"物竞天择，适者生存"的真谛。他就是运用这一基本理论，坚持不懈地实验，在同事们的支持和帮助下，先后创造了"环境驯化法""远地引进杂交法""系统进育法"等科学育种方法，选育了一批优良的水稻、瓜果、蔬菜和禽畜品种。

拥有强烈爱国情怀的谢易初为四个儿子取名为谢正民、谢大民、谢中民、谢国民，即"正大中国"。1953年，在家乡读完中学的谢易初之子谢正民、谢大民回到曼谷，协助叔叔打理正大庄的事务。这一时期的正大庄在谢少飞的主持下财运顺畅，两个侄儿的加盟更是如虎添翼。到底是年轻人，接受新事物快，谢正民对叔叔说，泰国是一个农业大国，一切与农

第六章　潮商弄潮

业相关的行业都应该是我们的业务范围，比如养鸡养鸭、农药制造等。谢大民接着说，正大庄只是一个店铺，远远满足不了发展需要，我们大规模全面发展，应该成立一个农业企业集团。谢少飞作为长辈，经营正大庄几年也深有体会，他同意侄儿的建议。谢少飞说，我们经营农业，原料都来自泰国的农产品、畜产品、水产品，这样就有几大好处：第一，原料保证；第二，价格低廉，和进口原料相比，我们的原料一定是低价的，成本低，产品价格有竞争力；第三，我们采用泰国原料，不会让好处流到其他国家；第四，我们要发展的养殖业等，都是为了提高泰国人的生活水平，一定会有市场。侄儿有勇，阿叔有谋，这谢家两代三个人当即拍板建立一个集团公司，在中国以外称为 Charoen Pokphand Group（卜蜂集团），注册资金为 500 万泰铢。

卜蜂真正的发展是从 1971 年与美国合作开始的。"爱白益加"当时是美国最大的养鸡公司，拥有最先进的养鸡技术和现代化的机械设备。爱白益加公司欲占领东南亚市场，他们首先来到泰国，在这个华人居多的佛教国度，他们发现了卜蜂。在美国人的眼里，当时的卜蜂集团仅仅是个颇具规模的农业企业，其实依旧是农业社会里的手工作坊。这种看法未免苛刻，但卜蜂在 1971 年之前的作为确实偏于保守，尤其是在饲养家畜的技术方面比较落后。谢氏兄弟并不在意美国佬的嘲笑，他们需要的正是最新的技术、最新的设备和最新的管理。谢氏兄弟意欲发展的势头给美国人留下好印象，双方遂坐下来谈判合作事项。卜蜂出场地、人员，并且负责销售，爱白益加投入资金和最新养鸡技术，双方共享利润。与美国爱白益加种鸡公司合作一事，谢易初在决策上也起了重要的作用。

寻求更大的市场，这是卜蜂的一贯想法。20 世纪 60 年代，卜蜂将目光放在东南亚和香港。1960 年，谢国民在香港创建一家综合贸易进出口公司；1974 年，卜蜂集团在香港创办正大国际有限公司，作为向全世界扩展业务的基地，由谢易初担任正大国际投资有限公司董事会主席，由谢大民担任总裁。正大集团还处于稚年阶段时，子侄们无论在商战中迷失航向，抑或出现暂时性的资金周转等困难，谢易初总是发挥定海神针的作用。

20 世纪 70 年代，卜蜂的资本扩展到中国台湾、中东和美国。1976 年，70 岁的谢易初亲自在新加坡设立一家饲料公司，用谢老先生的话来说是为了占领新加坡市场。1975—1978 年，卜蜂在美国连开了三家公司，这个面向全球的美国市场，对卜蜂在海外的扩展至关重要。1977 年，卜蜂的名字传到台湾，从这年起，陆续几年间，台湾人眼看泰国正大卜蜂公司从一家开到五家，其中两家是饲料公司。20 世纪 80 年代的卜蜂更是以锐不可当的气势在海外迅速发展，生意遍及英国、法国、奥地利、比利时、葡萄牙、日本、韩国等13个国家和地区，并开始向印度尼西亚、缅甸进军。值得指出的是，正大集团是中国内地注册的第一家外资企业，1979年获得编号为"01"的外商投资证书。

泰国媒体在1989年公布，正大卜蜂这一年的全球营业额达50亿美元，是泰国超一流的跨国大公司。卜蜂在海外迅速扩张的同时，在泰国的发展也是多头并进、一日千里。在卜蜂的资料汇编中有记录，卜蜂在泰国的分公司在1983年达到31家，其门类有：饲料公司、种子公司、捕鱼和鱼粉公司、种鸡和种猪公司、宰屠和分解公司、鸡场和猪场公司、农药和兽药公司、化学公司、颜料公司、麻袋公司、尼龙公司、建筑公司、运输公司、国内贸易公司、分期付款公司、食用公司、泰北公司、农业研究公司、蔬果出口公司、国际贸易公司等。而卜蜂在海外投资的领域也不仅限于农业，比如在中国台湾与人合资创办大型百货公司。卜蜂终于实现了建立农工商贸一体化的跨国集团的目标。谢国民在1992年初被美国《财富》杂志列入世界超级亿万富豪行列。

谢氏兄弟合影

谢易初一生眷恋故土，强烈的爱国情怀也影响了其子谢国民实业报国的理念。第一次重返故土时，谢国民正好40岁。这是中国国门初开的1979年，改革开放的前景还不明朗，各国资本都在犹豫观望之时，谢国民选择了当时刚辟为经济特区、仅有1.2万人口的深圳，取得了深圳市"001"号中外合资企业营业执照。不仅如此，谢国民还与世界著名的农牧企业美国大陆谷物公司合资，建立了中国

第一家现代化养鸡场和饲料厂。1982年,正大扩大在中国内地的投资,在珠海、汕头特区也领取了"001号"外商营业执照,成为中国改革开放后第一个在华投资的大型外资集团。1989年,正大投资赞助内地的综艺类节目,和中央电视台合作制作《正大综艺》,正大集团迅速为国人所知晓。

回国投资不仅是一个心愿的实现,也是超前的"未来主义"指导下成功的商业运作。谢国民对邓小平改革开放路线和中国10亿人口市场潜力的信心是显而易见的,"物极则变,中国已经到了要变的时间,改革开放是不可逆转的趋势"。正是这样的信心促使正大提前进场,在中国争得了众多"第一",正大集团在中国的前期因为没有真正意义上的竞争对手而获得了快速发展,得以独享作为行业开创者的"垄断利润"。同时,也与中国政府建立了良好的关系,从而有利于正大集团的大举投资以及持续发展。

甚至到了1997年,在亚洲金融危机的重压下,谢国民不惜做出他一生中最艰难的决定——把易初莲花超市的股份以10块钱一股卖掉了75%,以此为代价保住在中国的便利店业务,"因为中国便利店这个行业发展的空间和机会太大了,决不能放弃,还要大发展"。如今,正大在中国除青海、西藏以外的各省、自治区、直辖市都设有分公司,是在中国投资额最大的外资企业之一。2008年1月,谢国民当选中国侨商投资企业协会会长,成为全国性侨商组织的首领。

"老一代华侨慢慢故去,他们的后代在海外长大,对中国慢慢地不大认识了,中国政府应该有计划地培养一代新的华侨。"谢国民在青岛的华人论坛上提议说,"如果中国认真地鼓励一些人出国到世界去谋生,将来他们事业有成,一定会回到中国投资,这就跟鸽子一样,一定要回到自己的家。"

如今,正大集团形成了以农牧业、食品业、商业零售业为核心,制药、机车、房地产、国际贸易、金融、传媒等领域共同发展的业务格局。

三、本土潮商

近代以来,海外潮商的奋斗史、成功路都体现了历代潮商的优秀品质:勇于拼争,坚韧不拔,精明强干。而随着祖国经济的发展,本土潮商丝毫不逊色于海外潮商,发挥着"爱拼才会赢"的精神,创造着一个个传奇。

（一）香港潮人商帮

1. 李嘉诚

1940年，日军侵华，年仅12岁的李嘉诚随父母从家乡潮州逃难至香港，祸不单行，父亲染重病离去。作为长子的李嘉诚挑起家里的重担，当过学徒，做过推销员。靠着勤奋和灵活，李嘉诚仅用一年时间就在一个塑胶厂从推销员做到了副总经理。

1950年，22岁的李嘉诚辞职创业，开设了一家塑胶工厂，厂名定为"长江"，意为"不积小流，无以成江海"。

1957年的一个深夜，当他像往常一样阅读最新版《塑胶》杂志时，李嘉诚敏锐地意识到，塑胶花将会在香港流行。

他抓紧时机，亲自带人赴意大利的塑胶厂去"学艺"，李嘉诚深知，一种刚面世的新产品，厂商是不会轻易让人学习的。精明的他想出各种办法，包括以购货商、推销商甚至打杂工的身份千方百计搜集塑胶花的制作技术资料。经过不懈努力，"长江塑胶厂"很快就成为世界最大的塑胶花生产厂家，他也获得了"塑胶花大王"的美誉。

20世纪60年代初，香港经济腾飞，世界各地投资者纷至沓来，预见这弹丸之地必将寸土寸金，李嘉诚果断做出开发房地产业务的决定。

1967年，香港出现社会风潮，引发香港股价大跌。正当富豪们纷纷选择移民、公司迁离香港之际，李嘉诚却反其道而行之，趁低价购入大量地皮、旧楼、厂房用于发展房地产。不久风暴平息，房产价格随即急涨，李嘉诚获利丰厚。

1972年，长江实业有限公司宣告成立，李嘉诚任董事长兼总经理。

1997年，亚洲金融危机爆发。1998年，香港房地产进入低潮期，李嘉诚逆流而上，成为竞标拿地的大赢家。

李嘉诚还通过多元化的发展策略成功地分散了风险。长江实业并购和记黄埔之后，不断地进行战略调整，抵抗产业周期风险。

1980年至今，长江实业、和记黄埔与恒生指数的走势基本一致，市值高居不下。

第六章　潮商弄潮

2. 刘銮雄兄弟

20世纪70年代前,香港经济由英资独领风骚。20世纪80年代以后,新兴华资财阀开始崛起,李嘉诚、包玉刚等先后从英资手里夺得和记黄埔、九龙仓、香港电灯及会德丰等公司。股市新锐刘銮雄兄弟也进入黄金时代。

刘銮雄,1951年生于香港,人称"大刘";弟弟刘銮鸿,人称"细刘"。刘氏兄弟祖籍潮州。刘氏兄弟对数字极为敏感。刘銮雄20世纪70年代在加拿大多伦多求学。1974年毕业回港,加入其家族的吊扇制造业务,获"风扇刘"之绰号。1978年与友人梁英伟创办爱美高公司,以生产吊扇为主。

20世纪70年代中后期,石油危机阴影仍未退尽,加之当时怀旧气氛弥漫,爱美高生产的古典吊顶风扇在美国市场大受欢迎。不到两年时间,从1.7万港币、22个工人起家的爱美高,雇员发展到万人,而刘氏也赚取了人生财富的第一桶金。

1983年8月,中英联合声明签署,爱美高实业上市,其时总资产已达5亿港元。在制造领域如鱼得水后,不甘寂寞的刘銮雄开始涉足金融业。20世纪80年代初,借着风扇生意之雄风,他开始投资美国市场的"国库债券",几年时间又赚了一亿美金。

刘銮雄眼光敏锐,以狙击手姿态驰骋于香港股市。首战收购能达,二战拿下华人置业,三战狙击中华煤气,四战挑战于嘉道理大酒店,一举发展成拥有4家上市公司的综合性大集团,业务涉及地产、传媒、建筑及制造业等领域。

3. 翁锦通

香港锦兴集团总裁翁锦通,1917年仲秋出生于汕头市郊蓬洲乡一个农民家庭,40岁独闯香港,白手起家,大器晚成。他对国际经济趋势、市场行情了如指掌,对自己的经营做出独具匠心的判断和决策,发展了自己开创的事业。作为香港的"抽纱大王",他成为一名誉声海内外的"商界奇才"。

翁锦通在1962年开始自己创业,办起了"锦兴绣花台布公司"和"香港机绣床布厂",目前已发展成为在中国香港、美国、意大利、新加坡等地都设有分公司,销售网络遍布全球的"锦兴集团"。

1972年2月,美国总统尼克松访华,翁锦通敏锐地意识到这是他打进美国市场的契机,率先对美国市场进行考察，发现美国人对抽纱制品十分喜爱，于是做出了对美国"加强培养抽纱市场，促其成熟"的战略决策。1974年，翁锦通在美国创建了"森兴有限公司"，把中国的抽纱工艺品大量地引入美国市场。同年，亚运会在伊朗举行，翁锦通趁机在德黑兰举行抽纱品展览。另外，他还准备了8 000多件抽纱工艺礼品，以中国香港奥委会的名义赠送给亚运会运动员及组织人员。此举在德黑兰引起轰动，当地不少商人随即与翁锦通接洽，进口抽纱品生意。

翁锦通又趁热打铁，迅速赶往中东各国发动宣传攻势。经过努力，他终于一举打开抽纱品的中东市场，公司业务也由此得到大规模发展。

以诚相待，恪守信用，是翁锦通立业的看家本事。他记住"人无信不立"这句古训，为人诚实，讲信用，使生意越发兴旺。

（二）内地潮人商帮

1. 蔡东青的"动漫王国"

在改革开放初期，和其他潮汕地区一样，广东澄海地少人多，经济条件相对落后，但是当地人经商意识浓厚，很多本地人都有家境贫寒，年少辍学就闯荡社会、经商的经历，潮汕地区相当部分的民营企业家都有类似的创业历程。蔡东青也是如此。他出生于1969年4月，广东澄海人，是家中的老大，下面有两个弟弟，父辈都是地道的农民。因家中贫困，蔡东青初中毕业后就辍学外出打工。

改革开放之后，澄海成为中国玩具制造的重要集聚地。当时的澄海玩具主要以家庭作坊为主，以来料加工的形式，采用手动、半自动塑料挤出机，生产一次成型的静态玩具。由于投资门槛低、工艺简单，因此吸引了大量本地人加入玩具生产行业。蔡东青的创业也是从玩具制造开始的，但是他的创业历程并非一帆风顺，其中经历了很多波折与艰辛。

1986年，17岁的蔡东青请母亲帮他借了800元钱，买来一台手压机，建起了制作塑料小喇叭的家庭作坊，正式开始了他的创业历程。一个月之后，虽然小喇叭生产出来了，但是和同类产品相比，由于没有创新性，而且产品质量不高，结果在市场上反响平平，销售情况不佳。面对这种困境，蔡东青的解决办法就是到市场上购买不同品种的小喇叭，仔细观察，终于想出了提高产品质量、降低成本、进行产品创新的方法，他的第一个小喇叭生意终于"吹响"了。但是这类产品进入门槛低、技术含量低，竞争激烈，因此利润较低，发展空间

"粤商文化"丛书

粤商崛起

有限。在这种情况下，蔡东青希望生产其他产品来把事业做大做强。有一次，蔡东青看中一个项目，把自己前期积累的资金全部投入，又向亲友借了些钱，凑够7 000元，与一个亲戚合作搞这个项目。但是，由于两人经营思路不合、产品不对路，项目很快就失败了，投资全部赔光。

由于第一次创业失败，蔡东青到一家塑胶店打工。他在店里除了卖塑胶产品，还要帮着做杂务。店老板知道他的经历，知道他的心思，也把他的勤勉和付出看在眼里。有一天，老板拿了一只大喇叭给蔡东青看，说："这是义乌产的，你看看人家的产品多好，全国都畅销。你能不能生产这样的产品？这可是你翻身的机会！"蔡东青的斗志再次被激发，经过反复努力后，他终于生产出同样质量的产品。产品进入市场，订单纷至沓来。

1992年7月底，23岁的蔡东青去香港考察。在这次香港之行中，他发现一款日本玩具四驱车在香港大卖，于是敏锐地意识到这个产品在国内将会有巨大的市场。因此，他决定在内地销售这种新潮的玩具。可能是受到"奥迪"这个知名汽车品牌的影响，又主要生产四轮驱动车，蔡东青的玩具企业也命名为"奥迪"。1992年，蔡东青成立了奥迪塑胶玩具厂，并于1993年更名为澄海奥迪玩具实业有限公司，正式竖起了"奥迪"的旗帜。

1998年，奥迪玩具在行业内部率先引入ISO 9000质量管理体系；2000年，奥迪玩具被国家玩具标准技术委员会指定作为唯一生产型企业成员单位，参加GB 6675—2003《玩具安全标准》的制定和编写工作。2004年，根据广东省企业计量保证体系确认方法和评审程序规定，奥迪公司获得了广东省三级计量保证体系认证以及产品"采用国际标准"的认定。而且奥迪公司针对玩具产品不断创新的需求，1997年成立了功能齐全的产品开发部。同时，公司利用香港设计人才集聚、设计理念领先等优势，在香港成立了迪锋设计公司，开始了玩具产品的自主开发和设计。2000年，奥迪玩具又成立了产品创意设计部，聘请多位香港资深设计人员，全面统筹玩具形象设计、玩具产品发展规划，使产品开发流程进入更加规范的运作中。

奥迪四轮驱动车的产品原理就是一种仿照电动玩具车原理设计的微型的电动四轮轨道车模型，可以通过玩家自己拼装、改造配件进行升级，其"动手又动脑，玩车长知识"的产品特性，有利于青少年增长物理知识及动手能力。因此，20世纪90年代初，奥迪尝试把单纯的商业推广融入青少年素质教育渠道中，"寓教于乐"，推动消费者的需求和购买欲望，并逐步形成了自己的创意营销模式。

80

奥迪采取两种方式来引导和创造消费者需求。首先，通过与广东电视台、国家体育总局等官方机构合办全国性四驱车竞技比赛，通过素质教育的公关宣传塑造产品"寓教于乐"的功能，并通过传媒扩大影响。其次，由于公司在这个阶段没有力量塑造动漫形象、生产动画产品，所以引进《四驱小子》《四驱兄弟》等日本热播动画片在电视台播放，扩大整个玩具四驱车产业的知名度和销售数量，奥迪四轮驱车销售增长明显。

1995年，奥迪玩具和广东电视台"全国少年四轮驱车大赛"正式拉开筹备序幕。这场耗资200多万元的大赛，经过精心组织安排，在全国28个城市吸引了近60万人次参加。1995年10月1日国庆节，来自全国各地的近百名四驱车高手会集在广东省电视台演播大厅进行最后的总决赛，中央电视台转播，盛况空前，奥迪玩具掀起了一场名副其实的奥迪四轮驱车旋风，奥迪玩具的收益也颇为丰厚。1996年，奥迪玩具和国家体育总局合作，开展全国"奥迪杯"比赛，把四轮驱车比赛纳入国家比赛项目。借助四轮驱车比赛，奥迪玩具不仅提高了品牌知名度，还收获了一支以各省市车模协会教师为主的专业营销团队，并建立了一个规模庞大的、覆盖各级学校周边的产品零售网点，企业初步建立起全国销售网络。

在举办比赛的同时，奥迪玩具还需要找到一个更具有大众性、宣传普及性的传播渠道，来"唤醒"广大消费者的消费欲望和购买冲动，动画片自然成了奥迪玩具的首选载体。而此时日本田宫拍摄的动画片《四驱小子》《四驱兄弟》正好在日本热播，直接拉动了四驱车的销售。2002年，蔡东青以110万美元的签约费引进了这两部动画片。这时，奥迪玩具也尝试进行产业链"前向扩展"，引进国外动画片和动画形象，公司则进行"后向"的产品推广和产品销售。1998年，"奥飞动漫"以1 000多万元的版权费，与日本著名的任天堂株式会社合作，引进动画片《宠物小精灵》的动漫形象版权，并斥资3 000多万元推动"宠物小精灵"系列动漫玩具产品的生产销售和产业化运营。奥迪在四轮驱车大赛和动画片引进上的大胆投入获得了丰厚的回报，2002—2003年，奥迪玩具的销售额达到26亿元，几乎成为中国玩具四驱车的代名词。更重要的是，蔡东青认识到"动漫＋玩具"的经营模式对销售的巨大推动力量，整条产业链的整合能够创造出"1+1＞2"的效果，这是奥迪玩具成长历程中的一个关键节点，这种"产业链整合"和"品牌销售"的意识觉醒使奥迪玩具领先于澄海甚至中国其他玩具制造企业，奥迪玩具逐渐开始积累上游产业的资源和品牌形象，并最终进入上游的动画制作、播放等产业。

2006年，奥飞动漫第一次推出自有著作权的动漫作品《火力少年王Ⅰ》，来推广奥迪

第六章　潮商弄潮

玩具生产的"悠悠球"产品。该动漫作品主要讲述一群孩子组成不同的团队，比赛玩悠悠球的技巧，动画片极大地推动了悠悠球玩具的销售，销售额增长了5倍多。紧接着，2007年，奥飞动漫又推出《火力少年王Ⅱ》，凭借较高的收视率以及良好的消费者回应，奥飞动漫更是仿造四轮驱动车大赛的成功模式，举办"悠悠球高手巡回表演"、明星见面会以及"亚洲悠悠球高手邀请赛"等活动。作为动画片中的主要道具，公司悠悠球玩具产品的销售得到了很大推动，并很好地"区分"了公司产品和其他企业悠悠球产品的差异性（正版和盗版）。2005年，公司刚刚推出悠悠球产品时，系列产品的销售额只有1 625万元，毛利率为24%。2006年，《火力少年王Ⅰ》推出后，系列产品的销售额大幅提高到8 397万元，毛利率提高到34%。2007年，系列产品的销售额更是提高到1.87亿元，产品毛利率更是提高到50%（奥飞动漫上市招股说明书，2009）。动漫文化产品没有推出之前，悠悠球只能算是传统类的"非动漫玩具"，但是系列动画片的推出，使悠悠球升级为"动漫玩具"，其盈利能力自然也大幅提高（动漫形象赋予的产品溢价）。2008年，奥飞动漫制作的《战斗王E》也在全国各大电视台陆续播出，再次掀起小朋友玩陀螺的热潮，带动了公司战斗王陀螺销售收入的大幅增加。

2009年9月10日，奥飞动漫以国内"动漫第一股"的身份登陆深交所中小企业板。上市后的奥飞动漫收购嘉佳卡通频道，进一步跨入动漫文化产业，整合产业资源，打造更强大的动漫王国。

2. 陈凯旋与立白集团

立白集团的创始人陈凯旋，1958年5月生，广东普宁人。

陈凯旋早期是通过创办贸易代理公司，采取代理销售的模式，经销外资品牌。产品主要集中在洗衣粉及日化用品领域。到20世纪90年代初，他们已经成为普宁地区最大的洗衣粉及日用品的贸易商，控制了上游供货及下游批发商，并开办了自己的商场，业务开始向广州、深圳及珠三角其他地区渗透。由于当时洗衣粉市场竞争尚不激烈，市场空间大，所以利润较高。有了创业资本和销售渠道后，陈凯旋想向上游发展，办工厂，生产洗衣粉，但是面临没有技术、没有人才、没有生产资金的现实困难。按照一般的日化产品经营思路，投资设厂不仅需要投入大量的资金去购买土地、机器设备，聘请技术人员和工人，而且"传统"的日化销售模式，在销售过程中需要先给经销商垫钱铺货，还要花钱去打广告，否则产品难以销售出去。这种传统的经营模式不仅需要较大的前期投入，收效缓慢，风险也较大。

对于企业未来的经营思路，陈凯旋考虑采取"塑造品牌＋贴牌生产"的方式，这在当时的日化行业是一种崭新的操作模式。由于熟悉洗衣粉的销售模式，而且具有一定的销售网络，陈凯旋找到了正在为销售发愁的国有企业——广东省洗涤用品厂，并委托广东省洗涤用品厂贴牌生产立白洗衣粉。

从 1991 年普宁立白公司成立开始，陈凯旋和其创业伙伴就开始了艰难的创业之路。针对广东珠三角地区的消费状况以及人们的消费水平，立白洗衣粉在价格定位上采取了中高档的定价策略。在创业初期，立白的销售情况并不好，这是因为立白的产品质量虽然不错，但是广东的消费者选择产品时却很注重品牌，立白在当时不仅在价格上比国内品牌要高一些，也没有什么知名度，"酒香也怕巷子深"。为了宣传立白，陈凯旋在极为有限的资金中筹集了 5 000 元，找到广东电视台的工作人员，拍了一条广告片。在 20 世纪 90 年代相对闭塞、信息不发达的潮汕地区，广告无疑是很好的"催化剂"，立白这一品牌逐步为本地经销商和消费者所认识，很快，"立白"占据了陈凯旋家乡普宁 60% 的市场份额。

为了让新产品进入市场初期的运作能按照立白的指挥操作，陈凯旋决定在农村重要区域设立"立白专销商"。和一般的日化产品经销商不同，立白专销商必须对立白的政策照单全收，在初期执行得更要毫无偏差，而且立白专销商只能经营立白产品，这在日化销售行业似乎是一个"不可能完成的任务"。立白专销商的网络是如何建立起来的？为什么会具有如此高的服从性和忠诚度呢？我们可以从立白销售网络的建设过程中发现其"端倪"。

立白销售网络建设的第一步，就是选择亲戚做经销商，建立初步的销售网络。根据陈凯旋本人的描述，虽然采取"贴牌生产"方式经营的立白质量过硬，但是突然冒出来的"立白"跟市场上太多的杂牌洗衣粉看起来没什么两样，换了别人也不太相信。亲戚之间信得过，做事卖力。所以他决定先将产品推销给自己的亲戚试用，并发动他们做经销商，占领普宁洗衣粉市场。

立白销售网络建设的第二步，就是利用"大潮汕"的人文地域优势，寻找本地优秀的日化经销商作为立白的经销商。

立白销售网络建设的第三步，就是以家族和泛家族经销商为骨干，建立"立白专销商"体系。正是通过"农村包围城市"的布局，立白避开大城市，主攻农村市场，一个县一个县地发动营销战役，从而初步建立起广东乡镇一级的经销商网络。1994 年，立白洗涤用品有限公司在广州成立，1995 年，立白的销售额达到了一亿元，并占领了潮汕地区的洗衣粉

第六章　潮商弄潮

市场（新文，2005）。也正是在这一年，立白面临"惊险的一跳"，将大部分经销商转变为"立白专销商"。

1997年日化行业倒闭潮之后，市场上剩余的优质日化企业逐渐成为中国日化品牌的中坚力量，这些本土企业一方面获得了倒闭企业遗留的市场空白，无论在销售量还是市场占有率等方面都有了很大提升；另一方面，本土日化企业也逐渐意识到，单纯的价格竞争风险太大，必须建立自己的品牌，通过树立品牌才能获得更多的商品溢价。从1998年开始，雕牌、奥妮、丝宝等本土品牌异军突起，纷纷打响"国货保卫战"，不断和"洋品牌"叫板。也是在1998年，广州立白企业集团有限公司成立。陈凯旋认为，立足于广东的立白必须"走出去"了。但是立白采取的战略仍然不是全面铺开，和国内外日化企业"直接碰撞"。为了体现立白的差异化战略以及竞争优势，陈凯旋采取了三个重要的方法来完成立白从广东到全国的布局：一是独特的广告营销模式；二是继续深入建设立白最有特色的专销商网络，特别是"立白商会"，同时根据专销商的需求，拓展产品线；三是选择重点区域，建立立白的生产基地、研发基地，不断引进国外先进技术及设备以完善自身生产条件，构建完整的日化产业链。

随着销量的不断增长，立白的生产规模也迅速扩大。至2010年，立白集团在全国各地已经建立广东番禺、吉林四平、河南洛阳、浙江杭州、天津等12大生产基地，30多家配送中心，20多家OEM厂，员工1万多人。自2002年起，立白集团连续多年荣登"中国私营企业纳税一百强"排行榜，获得"中国优秀民营企业""全国守合同重信用企业""中国优秀诚信企业""中国最具市场竞争力品牌"等各种国家级荣誉60余项。立白已经成为中国民族日化工业的一面旗帜。

潮汕俊彦灿若群星，是近代率先"睁眼看世界"的一群人，靠着克勤克俭、善于经营、重义崇信的精神，在世界舞台上留下了浓墨重彩的一笔。而今，他们秉承潮汕精神，将在这个全新的时代向更高、更远的地方展翅腾飞。

第七章
客商天下

粤商崛起

"粤商文化"丛书

　　客家源于中原汉民族的一个分支,既保留了中原文化,又容纳了所在地文化的精华。"哪里有阳光,哪里就有客家人;哪里有一片土,客家人就在哪里聚族而居,艰苦创业,繁衍后代。"客家人行走天下,移民世界,在海外商界成功者众多,不断演绎着中华民族的商界传奇。"谁言寸草心,报得三春晖。"在这些商界传奇者的身上更看到了一种精神,那就是厚德载物的爱心,他们爱桑梓、爱祖国,将爱洒满人间。

一、客商的地域与文化特征

　　星汉灿烂,行星在天空中徐行,一颗颗闪烁……

　　在众多的小行星中,有两颗是以客家著名企业家命名的,它们便是田家炳星、曾宪梓星。

　　田家炳,人称"人造革大王""塑胶大王";曾宪梓,人称"领带大王"。对于中国人乃至世界来说,这两个名字当耳熟能详;而他们是客家人这一点,却未必人人知晓。

　　客家人,为何称之为客家,从何而来,对不少人来说,同样是历史之谜。

　　2004年,世界客属恳亲大会在被誉为"客家摇篮"的江西赣州召开。一个"客家先民南迁纪念大鼎"同时铸成,落户赣州,鼎文十六个字,道出了客家之谜:

赤帝羲皇,尊祖炎黄。

九州初肇,中土发祥。

　　中原地区的汉人渡江南下至赣、闽及粤东、粤北等地,这一部分汉人便自称"客家人",

以粤东的梅县、兴宁、大埔、五华、惠阳等地最为集中,还有部分分布在江西、福建、广西、四川、湖南、贵州、台湾、海南岛等地。

当年郑芝龙、郑成功父子,建立金厦商贸帝国,收复台湾,其副将刘国轩便是客家人,而整支海上武装也有四成客家人,虽然他们一度打进南京、广州,反清复明,但最终功败垂成。

于是,史志中便记载,郑氏余部"入梅岭,从万家"。

原来,一直活跃于海上贸易的郑氏部下是客家人,后来进入粤东山区,于是把他们当年的商业精神也带进千山万岭之中。

客家商业势力的崛起则较晚。早期的客家人仍然保留中原的农耕传统,以耕种为主,但是由于山区的土地有限,再加上人口繁衍,部分客家人才"洗脚上田"做起了商人。由于具有福建、江西交界地区的区位优势,其更加注重到内地经商,尤其在清朝初期,执政当局奉行"湖广填四川"的移民政策,客家人大量到湖南、湖北和四川经商,不少客家商人致富后又定居入籍四川。据有关研究统计,清代康、雍、乾三朝(1662—1795),客家人入籍四川者至少达75万之多。

根据现有文献记载,明代至清中期,由于广府、潮汕商帮势力甚强,客家省内贸易不多,比较多的是将兴宁的棉布、五华的生铁等土特产运往潮汕地区进行贸易,直到晚清,客家的商业势力才逐步向广州等地区扩展。此外,客家商帮拥有一支不可小觑的海外军团,利用清政府特准开放广州的政策红利及其后的通商,敢于闯荡的客家人纷纷至东南亚以及美洲国家经商贸易。据统计,明清时期由于经商及其他原因定居海外的客家人约有300万人。

组成客家文化的原始基础是具有浓郁乡土气息的土著文化和具有汉唐风韵的中原汉文化,而推动该文化产生与发展的巨大动力是唐宋以来大批进入赣、闽、粤三角地区的北方移民,故可以称其为特定历史条件下形成的"移民者的传统文化"。客家人尊师重文,宗族观念强,其经商以刻苦、刚毅、开拓进取、团结奋斗的精神而著称。客家文化具有中原文化的深厚底蕴,正是移民在离开祖居地之后所表现出来的对原有文化的眷恋。同时,客家人有很长一段漂泊流离的经历,到达定居地以后又面临种种困境,因而锤炼出坚忍不拔的意志、勇于开拓的精神、勤劳朴实的品格,以及用血缘、亲缘、地缘等条件建立同宗、同乡、同一文化内相互合作关系的团体主义精神(张建琦等,2012)。故此,谭元亨在其主编的《客商》

一书中说:"客家文化或客家精神是一个复合的、动态的意识形态,诸如勤劳克俭、崇文尚教、开拓进取、隐忍坚韧、宽广大气都是客家精神的底蕴。"

崇文重教这一客家人的风尚,早在北宋时期的客家地区就已经遍地开花结果。一方面因为客家先民多系中原门户清高者,他们受"万般皆下品,唯有读书高"的传统儒家思想的熏陶,向存读书为贵的价值观念;另一方面因为客家地区山多田少,耕作困难,随着人口的繁衍发展,已不足以维持生计。家贫子读书,家贫本是读不起书,但富有进取精神的客家人不甘心子弟穷,越是贫穷,越是想子弟读书改变这一面貌,这便成了客家人坚定的信念和普遍的价值观念。客家子弟从小就被灌输只有读书才有出头之日的价值观,众多宗族均强调宗族的教育要造就知书识礼的后代子孙,宗族组织总是采取各种手段支持和奖励后生向学。客家人轻商的价值观在地方志中多有记载,如"男耕稼而不商贾"。客家人为人处事、成家立业当以耕田为首要选择,于是有耕以维生、读以存志的耕读观念(张建琦等,2012)。这和十三行的后代广府商人以及热衷于红头船自由海外贸易的潮汕商人形成了鲜明的对比。

而"客人开埠,广人旺埠,潮人占埠"的名谚,则把粤商中三大族群在南洋创业、兴业、守业的不同历史品格做了高度概括。

在香港,当年的新界、九龙地面上,客家人也是最早的开拓者,细察客商们的发展轨迹,或多或少应了一句古语"穷则独善其身,达则兼济天下"。他们本身有着客家人勤学上进、高瞻远瞩的品性。在企业尚未创立或起步阶段,他们通过读书学习竭力"修身",而在企业发展到一定程度时也不忘承担起一定的社会责任,不仅增加了政府的财政收入,也使当地的百姓获益。

目前,客商网络已遍布世界各地,尤以中国香港和东南亚最为集中。客商人才辈出,贡献巨大。代表人物有近代民族工业的先驱者、海外中华商会和"张裕葡萄酒"的创始人张弼士、香港田氏化工有限公司董事长田家炳、金利来远东有限公司董事长曾宪梓、香港《星岛日报》创办人胡文虎、"报纸大王"美国国际日报总裁熊德龙、合生创展集团董事长朱孟依、深圳西湖集团董事长吴炯声、"博士眼镜"董事长刘晓、"以纯"创始人郭东林等。

二、香港客商

1. 余连庆

由于历史的机遇,香港成为世界自由贸易的中心,不仅吸引了世界各地的投资者,也为客家人在香港经商提供了良好的契机。客家人刻苦执着、勤奋进取的精神,正适应于香港的经济腾飞。

众所周知,早在1900年,"中国现代百货业之父"马应彪便在香港开了第一家百货公司先施公司,而他的合伙人、同乡则紧跟其后,创立了永安、大新、新新,与先施并称为"四大百货公司",经销欧美乃至全世界的产品。因此,对百货业而言,客家人算是"后来人"了,怎样才能打出自己的一片天地呢?

曾远渡重洋,从梅县到印度尼西亚、马来西亚谋生的余连庆,对祖国一往情深,慧眼独具,在百货业上另辟蹊径,打的是"国货"品牌,从而走出与四大百货公司不同的路子。

1959年,他邀集印度尼西亚旅港同乡,在香港开办裕华百货有限公司。"裕华"者,乃取"富裕中华"之意。由于经营有方,生意日隆,新店一个接一个地开张。

20年间,裕华百货蜚声海外。虎父无犬子,他的后人更是在百货业上异军突起。

20世纪70年代中,香港经济低迷,裕华转战英国伦敦,开设了分店。

中英谈判未果,移民成风,不少老板抛售物业。出于对祖国的信任,裕华迅速购入尖沙咀的物业。亚洲金融风暴袭来,裕华更打进黄金旺地中环,这种逆势冲浪让同行目瞪口呆。

余国春、余鹏春兄弟就这样把裕华带进了21世纪。

"裕华"创始人余连庆身居香港,心系乡土。他热心公益,早期多次捐助官坪村建学校、挖水井,修水利,并捐赠汽车给松口区。1982年,他独自捐资100万港元兴建裕华科学馆,1986年更发起集资捐建松口中学80周年纪念楼。其义举对其家庭和社会影响深远。他逝世后,其子女亲属遵照其生前遗嘱,捐献20万港元给松口中学和官坪中学设立"余连庆先生教育基金会",为兴学育才再做贡献。

余国春、余鹏春亦从没有忘记自己对香港、对国家的一份责任感。他们在内地和香港捐款无数,回馈社会。余氏兄弟浓浓的家国情怀,大概是"裕华"强烈民族特色的一个很好体

第七章 客商天下

现,是裕华始终不渝坚持经营国货的深层原因。

2. 田家炳

几乎与余连庆一道,曾在印度尼西亚谋生、创业的田家炳,则是另一个传奇。

大凡去采访他的人,都会被带到他的纪念室。他甚至以80高龄,一字不漏地给你背诵《弟子规》。没有人不惊叹他的记忆力。

原来,他出身于书香门第,祖籍是"文化之乡"大埔县。由于家道中落,他18岁便离家远赴南洋,先后到越南等地,经营家乡的瓷土外销业。

1939年,汕头被日军侵占,瓷土营运中断,他便转往印度尼西亚,转行做橡胶业,创建了超伦、南洋两个树胶厂。

1958年,举家迁居香港,在屯门填海造地,建起田氏化工城,专事生产塑料薄膜和人造革,积极扶持人造革行业,带动下游加工业的发展和工人的就业,促进社会繁荣。

1993年,中国科学院将其名字命名国际编号第2886号小行星。

同样以名字命名另一颗小行星的还有曾宪梓。

3. 曾宪梓

1963年,曾宪梓到泰国处理父亲的遗产问题,在无法证实的遗产前,他选择了放弃。这令他的叔叔大为感动,因而全身心教他做人做事。几年后,他到了香港,开始创业。

一个小小的细节,触发了他的灵感。

香港有句话:"着西装,捡烟头。"400万香港人,不

田家炳

少人都有几套西装,连街上捡烟头的流浪汉也都穿西装。

曾宪梓敏锐地察觉到,尽管那么多人穿西装,可系的领带却没有像样的。

再调查发现,香港的领带大多是从外国进口的,价格不低。于是,他下定决心,要让香港人系上自己的、高档的领带。

几经挫折,几经反复,他造出高品质的领带,打开了香港市场。1970年,他注册成立了"金利来(远东)有限公司","金狮"的"狮"(lion)音译为"利来",在很讲吉利与彩头的香港,改名"金利来",可谓如鱼得水。

1974年,香港经济大萧条,各种商品纷纷降价促销,而曾宪梓却反其道而行之。他一面不断改进金利来领带的质量,一面独树一帜地适当提高价格。结果,生意反而出人意料的好。经济萧条过后,金利来身价倍增,成为香港的知名品牌。

20世纪80年代,曾宪梓逐渐向东南亚进行生意扩张。他在当地兴建厂房,生产领带,并花重金进行广告推广,成功地开辟了马来西亚、泰国、文莱等地的市场。在中国内地,金利来的广告策略也取得了极大的成功,"金利来领带,男人的世界"广告长期占据报纸重要版面和电视的黄金时段,使得金利来品牌家喻户晓。

在金利来事业处于巅峰之际,曾宪梓果断进行多元化经营,对金利来的产品线进行延伸,金利来T恤、钱包、皮带、衬衫等产品陆续加入金利来的世界。

就这样,曾宪梓凭一把尺子、一把剪刀、一台缝纫机,使金利来品牌的商品畅销五大洲数十个国家。

曾宪梓

4. 邓广殷

客家人重教育、重文化、重承诺，一代代相传，他们天生与知识经济、生态文明紧密相连。

在上海宋庆龄故居陈列馆，宋庆龄给邓广殷的遗嘱被刻成了牌匾，静静地陈列着，大多数参观者并不知晓这份遗嘱曾密存于瑞士银行的保险箱中。

邓广殷获赠藏书绝非偶然。他出身世家，是香港邓崇光职业有限公司董事长，全国政协第六、七、八、九届委员，上海宋庆龄基金会理事。其父邓文钊与宋庆龄于1938年共同创建保盟（中国福利会前身），为民族解放与民族工商业的发展殚精竭虑。

邓广殷一家三代的事迹令人感动，发人深思。邓广殷的祖父邓阿六，当年是在湾仔靠打石起家的最早的房地产商。其父亲邓文钊出生于广东五华县，曾担任过广东省副省长、全国工商联副主任委员、广东省工商联主任委员等职，还是抗日前后香港《华商报》的大老板。他留学英伦，回到香港，不惜将家族资产投入宣传抗日的《华商报》上，设法在经济上支援八路军、新四军和华南抗日游击队。中华人民共和国成立后，他团结港澳工商界爱国人士、海外侨胞集资在广东创办新中国第一家公私合营企业"华南企业股份有限公司"（简称"华企"）。广州华侨大厦、南方大厦都是华企所建。华企于1953年并入华侨投资公司。个性耿直、待人诚恳的邓文钊把最后分给他的职务奖金5 000多元全部捐给广东省工商联建会所。

20世纪五六十年代，帝国主义对新中国实行经济和物资封锁的时候，邓广殷源源不断地从香港为内地提供所需物资。因此，才有了后来宋庆龄逝世时，遗嘱中把自己的全部藏书赠予邓广殷的故事。而他又将书全部捐赠给国家。为促进我国边远山区和农村教育事业，他拿出20万元与上海宋庆龄基金会共同设立了邓文钊教师奖励金，从1995年起在安徽和江西南昌奖励优秀中小学教师。

5. 林光如

1970年，林光如的"星光"，还是一个只有16平方米的印刷小作坊。中英谈判期间，印刷界也人人自危，林光如却逆势上扬，扩大投资，不惜斥巨资从德国引进最先进的设备，一下子提高了香港印刷业的档次。1993年，星光上市，成功地从家族式管理转变为资产上市的社会化管理，从而赢得了更大的发展空间。星光集团现在已经成为一家以包装印刷为核心的跨国公司，迄今已在新加坡以及中国香港、上海、广州、深圳、苏州、韶关等地设有分公司及生产基地，属下有经过严格培训的员工7 000多人，印刷设备和产品质量堪称世界一流。

林光如立定宗旨"科技领先"，设立创意中心，不断推动企业的科技创新，为此，他在自己的企业内，创办了一所管理学院，把生产、研究、设计各个环节紧密联系起来，学生直接与实践接轨，掌握国际上最先进的技术。同时，亦邀请国内外顶尖的专家到学院讲课，香港的大学以及广州的华南理工大学等，都有名教授去讲课。

识才、爱才、育才、用才，是林光如企业的"秘诀"。用他的话说，要把员工"举在头顶，放在心上"，给他们更多的关爱与栽培。

"取诸社会、用诸社会"是林光如一直奉行的准则。几十年来，他积极推动社会公益事业，捐资助学千万元。1986年，他被评选为"香港十大杰出青年"之一。"星星之光，也要惠泽大地"，林光如这样诠释公司取名"星光"的深刻寓意，并为此不懈努力。2006年12月22—26日，林光如会长率领香港梅州联会余国春、余鹏春、罗焕昌、罗港枬、何冬青等"情系梅州爱心行"，抵达梅州，此次爱心行动共捐资2 000多万元，资助1 200多名贫困学生。

人才是强国的根本。重视对人的教育投入，体现了客家人"以人为本"的思想，"宁肯戒夜饭，也要缴儿郎（读书）"。文化教育与经济发展有着承继和交替的关系，凭此，我们就不难理解客商为何如此高度重视教育、重视人才的培养。这也是客商"见利思义""厚德载物"最好的诠释。

6. 何冬青

何冬青是梅州市第一批荣誉市民，也是梅州市发展战略顾问、香港七洋发展有限公司董事长。1928年出生于

林光如

"粤商文化"丛书

粤商崛起

广东平远石正,抗日胜利后入读广州文化大学。1949年,何冬青移居香港从事出版工作。1953年,创立大中国印刷厂、中华文化事业公司和大道书局,集出版、印刷、发行于一体,享誉文界。1966年,他创办香港静宜女子中学,至1972年发展为7所分校,跻身香港十大中学之列。1968年,他与香港市政局议员黄梦花、香港政府华员会会长钱世年联名发起成立香港中文教育促进会,以抗衡港英政府重英轻中、数典忘祖的殖民地教育政策,进而于1970年发动争取中文法定运动,被推举为"香港各界促成中文为法定语文联合工作委员会"总干事,负责策划及执行具体工作。这最终迫使港英政府宣布中文、英文在香港享有同等法律地位,成功捍卫中华民族和文化的尊严。

1986年5月,他首次应邀重归阔别40年的平远老家,毅然成立何冬青基金会,开展龙腾盛世系列工程,迄今为止已捐资2 000多万元,主要用于教育、文化、医疗、路桥等福利事业。

三、 广州客商

1. 邹锡昌

地处中山三路与较场西路交界处、地铁烈士陵园站上盖的中华广场对广州人来说是再熟悉不过了。中华广场现在已成为广州潮流集散地,也成了邹锡昌的成名作。

邹锡昌,生于梅州,7岁进学堂读书,"文化大革命"期间,他没有蹉跎岁月,而是坚持自学。1979年,16岁的邹锡昌以当地"文科状元"的成绩考入中山大学,攻读哲学,成为家乡方圆几十里的骄傲。

20世纪80年代初,刚走出校门的邹锡昌南下深圳,在蛇口招商局开始了他的事业旅程。

邹锡昌很快在深港贸易中觅得先机,靠电子产品贸易,掘到了他事业上的第一桶金。20世纪80年代的一天,一个做进出口贸易的朋友找他,说自己正在为300台电视机没有包装纸箱而发愁,希望他想想办法。邹锡昌在梅州的一个朋友也在为几百台电视机找不到包装纸箱而着急。市场到处缺货,让邹锡昌感到市场正在呼唤自己。1987年,邹锡昌在亲朋好友的帮助下投资60万元与人合股经营纸箱印刷业务。结果,3个月回本,半年后再投资200多万元迅速扩大生产,生意越做越红火。此时的邹锡昌只有24岁。就是这样的眼光,让他后来在房地产业中一次又一次地尝到甜头。

1987年，以纸箱生意起家的邹锡昌，迅速完成了原始资本积累，后来通过工业厂房建设，成功进入房地产业，如今邹锡昌创办的香港昌盛集团开发了系列地产项目。邹锡昌身兼广东省政协委员、广东省青年联合会常委、香港嘉应商会会长、广东"见义勇为"基金会副会长、广州市公安干警基金会副会长等职务，荣获广州市及梅州市荣誉市民、2006年度"中国十大慈善家"、2006年度"中国十大EMBA风云人物"称号。

邹锡昌认为："个人的财富取之于民、用之于民，生不带来、死不带走，所以钱应该用在刀刃上，用在最需要的地方，发挥出最好的作用。"2004年，中山大学成立80年之际，邹锡昌捐赠2 000万元为母校哲学系兴建教学大楼——"锡昌堂"。2005年12月，在梅州市人民医院110周年华诞之际，邹锡昌捐资1 200万元修建住院大楼。让手中的财富回归社会和家乡父老，他认为这是一个有责任心的商人应该做的事。

2. 朱孟依

被誉为"地产航母"的合生创展董事长朱孟依也是客商的杰出代表之一。朱孟依，广东丰顺人，生于1959年，建筑承包商起家，公众印象是"沉默的大佬"。早在20世纪80年代中前期，当时20岁出头的朱孟依已成为镇上的一个建筑承包商。虽然年轻，但已具备商业房地产的操盘意识。当时，经商热潮席卷丰顺县城。镇上很多人开起了商铺，但在当时多数经销商都是自立门户、独立经营，不成市场。朱孟依察觉到了商机。他主动找到镇政府，表示愿意帮助建设商业街，只需业主的租金分成作为回报。把经营与开发捆绑在一起进行策划，这让朱孟依成了原始的地产开发商，也让他挖到了事业上的第一桶金。

20世纪90年代初，朱孟依到香港发展，并获得香港永久居住证。接下来的几年时间内，朱孟依积累了丰富的人际关系，形成了敏锐的市场洞察力，为后来创建合生创展做了铺垫。1992年，朱孟依与丰顺留隍镇的张荣芳、陆维玑夫妇在香港注册成立了合生创展。由于合生创展是在香港注册的，根据国家当时的规定，合生创展主要是投标或投地，尚无在内地独资开发房地产的资格。为此，1993年，朱孟依在广州注册成立了广东珠江投资公司（现名广东珠江投资股份有限公司）。事实上，在后来的发展中我们不难看出，合生创展和珠江投资成了朱孟依"行走江湖"的左膀右臂。

朱孟依的市场洞察力及善于利用政府资源的能力，使他很快在广州扎下根来。因预先获知广州新城未来发展的方向，1993年，刚刚起家的合生创展与珠江投资合作，抢先一步以低廉价格拿下处于规划之中的天河大块农田，开发建设华景新城项目。城市发展的事实证

合生创展开发的楼盘一景

明,朱孟依早年那些偏僻、地价低廉的地块,数年后都成了广州城市扩张中"高价值"的中心区域,如天河东圃、番禺等。而华景新城从一开始就以大盘的形式出现,首度将社区理念引入广州,其产品也受到市场的热烈追捧,"只要有货,市场就会抢购"。到了1995年,合生创展已大规模地在广州占领市场。1998年,合生创展在香港成功上市。合生创展是中国最早上市的地产企业之一,而富力、雅居乐等地产企业2005年后才陆续上市,晚了将近10年,这奠定了合生创展当时在中国地产界的龙头地位。从1998年上市到2004年的6年时间里,合生创展总销售额超过了100亿元,成为国内最早突破百亿元的开发商之一。

　　在这个"人人自谓握灵蛇之珠,家家自谓抱荆山之玉"的时代,在今天经济全球化的大市场上,不断涌现出如田家炳、曾宪梓这样光彩熠熠、令人景仰的"行星"。客商再度崛起自是历史的必然,知识经济、生态文明令他们大有用武之地,我们期待着客商新的传奇、新的辉煌。

第八章
转轨之痛

一、摸着石头过河

1979年3月,按照中央的指示,宝安县撤销,建立深圳市。1979年4月,邓小平与时任广东省委第一书记、省长习仲勋商讨对外开放事宜,提出在深圳建立一个新的开放区域,全力引进外来资本,实行特殊的经济政策,并且建议这个开放区域就叫"特区"。

就这样,这位老人"在中国的南海边画了一个圈",打开了中国改革开放的第一个窗口。

在这个窗口建立的第一个工业区就是蛇口工业区。当时蛇口工业区建设的任务交给了中国近代以来声名显赫的招商局。以官督商办方式创立的招商局前身"轮船招商局"本身就是中国近代的一个奇迹,它开了对外公开募股的先河,成为中国股份制公司的开山鼻祖。

招商局见证了近代中国的荣辱,百年商业,沧海桑田。而今,106岁的招商局再次率先听到了时代的脚步,成为

1979年的蛇口工业区

改革开放的先锋。

没有先例，没有资金，蛇口工业区在计划经济的铁幕上捅了一个大窟窿。改革开放如何进行？"胆大包天"的粤商们开始跟时间赛跑，与金钱为伍，在社会主义计划经济向市场经济转轨的过程中，出现了无数"摸着石头过河"的探索。

1981年1月1日，一位叫刘天就的香港商人与深圳政府签订了深圳第一个土地租赁协议。他计划在这块土地上建一栋房子，并取了一个完全没有革命色彩的名字——"东湖丽苑"。不久他拿着房子的设计图纸到香港，仅仅3天就将"纸上"的108套房子销售一空。

东湖丽苑的狂卖大大启发了政府的改革思路，"借鸡生蛋"的发展思路越来越清晰，即引进外资开发土地，建设好基础设施后引进工厂。于是，招商引资，兴建工业区成了政府工作的重心。

1978年9月，工商批文号"粤字001号"的东莞虎门太平手袋厂成立。与此同时，时任顺德县县长黎子流，积极促成本地与香港一家牛仔制衣公司的合作，创办了大进制衣厂。中国最早的"三来一补"企业在东莞和顺德掀开了历史篇章。

"时间就是金钱，效率就是生命"标语牌

二、改制之痛

改革的春风吹遍神州大地，大地慢慢苏醒，万象更新。

第八章　转轨之痛

"粤商文化"丛书
粤商崛起

1990年,乡镇企业的利润首次超过"老大哥"国有企业。而国有企业从"一放(放权)就灵"到"一包就灵"(承包经营责任制)神话的破灭,使其不得不面对残酷的市场竞争,重新思考国有企业的改革思路。

1986年,深圳政府下达红头文件,在国有集团公司系统推行股份制试点工作。然而,20世纪80年代中期,特区经济发展迅猛,国有集团公司的日子很好过,没有危机感,普遍认为搞股份制设置董事会又增加了个"婆婆",多此一举。所以大多数企业并没有作出响应。

然而,卓有远见的王石却意识到股份制改革是一个能让深圳科教仪器展销中心(万科前身)自主经营千载难逢的机会。只有万科、金田、原野三家国企愿意接受股份制改革,但都遭到上级主管部门的反对,改革成了烫手的山芋。

深圳科教仪器展销中心与母公司——深圳特区发展总公司的矛盾反映了政府与国企自主权扩大之间的矛盾,这几乎是当时所有国企与政府之间的矛盾。

当时的深圳处于改革开放前沿,王石的股改方案幸运地得到了领导的支持。一个月后,万科发出了中国改革开放后的第一份《招股通函》,发行股票2 800万股,募集资金2 800万元。由此,一个地产帝国慢慢浮出水面。

深圳万科新总部大楼

1990年12月19日，上海证券交易所成立，第二年，深圳证券交易所也宣告成立，万科股票上市，编号0002号。上海和深圳证券交易所的成立，为中国的国企改革、多层次资本市场发展提供了基础条件。

1998年被称为"资产重组年"，全国30多万家国有企业以各种方式引入民营资本，进行股份制改革，包括管理层MBO、曲线MBO、员工持股、引资量化、破产改制等。

然而，并非所有国企改革都像万科那样幸运，部分像健力宝一样的国企深陷改革的"泥潭"。

1984年，在洛杉矶奥运会上，人们记住的不仅是中国运动员出色的表现，还记住了被誉为"东方魔水"的健力宝饮料。一时间，健力宝名声大噪。

洛杉矶奥运会后，健力宝饮料迅速在全国大力推广，获得了广大消费者的喜爱，高峰时健力宝年产值达60亿元。1991年，健力宝在美国成立分公司，以期占据美国市场，奠定健力宝的全球知名度。鼎极一时的健力宝给广东三水地区带来了空前的发展，广东健力宝集团的纳税额一度占据该地区财政收入的80%以上。

1997年，就在健力宝达到顶峰的时候，一直纠结于健力宝产权归属问题的健力宝，试图通过股份制改革引进社会资本，实现股权激励。

在所有者和经营者博弈的过程中，健力宝的业绩迅速下降。2001年，健力宝上缴政府的利税也从1亿元下降到2000万元左右。几经折腾，昔日的民族饮料再也无力与可口可乐、百事可乐抗衡，一场基于所有权争夺的资本盛宴在一片狼藉中曲终人散。

产权问题是所有权问题，也是激励问题。纵观中国近代百年商业史，从洋务运动开始，产权之争延续至今，官本民本的改革依然在继续探索。

在佛山顺德，有一家叫作科龙的电器公司，当年同样深陷改革的"泥潭"。

1984年，只有小学四年级学历的潘宁凭借手锤、手锉等简陋工具，以及万能表等简单的测试仪器，打造出了中国第一台双门电冰箱。正是从这台冰箱开始，容声以及日后的科龙在中国家电行业闪耀一时。

由于镇政府曾出资9万元资助潘宁制作冰箱，制造厂因而也属于"乡镇集体企业"的范畴，这一产权归属最终决定了企业家潘宁的悲情命运。

第八章 转轨之痛

"粤商文化"丛书

粤商崛起

1984年10月,珠江冰箱厂成立,冰箱的品牌是"容声",潘宁出任厂长。

珠江冰箱厂凭借过硬的质量、良好的市场声誉连续八年荣登中国"冰箱产销量第一"的宝座。

与健力宝的想法相似,为了摆脱政府干预,潘宁决定另辟蹊径,创立科龙品牌。然而事与愿违。1998年12月,在没有任何预兆的情况下,科龙集团突然发布公告,潘宁辞去公司总裁职务。次年4月,卸任董事长。自此,潘宁的名字再也没有和科龙一起出现过。

潘宁的退出标志着科龙黄金时代的结束。

继潘宁之后,领导班子换了一任又一任,家电行业竞争日趋激烈,科龙每况愈下。2000年,科龙公布自1996年上市以来首份亏损年报,报亏6.78亿元。

内忧外患,科龙改制已箭在弦上。终于,顾雏军用格林柯尔低价收购科龙。然而,科龙悲惨的命运并没有结束。2005年12月,顾雏军正式被捕,科龙再次被托管给政府。

此后,改革依然在继续,走在改革浪尖的广东省成为国家经济转轨阵痛的前沿阵地。

第九章
中国制造

粤商崛起

一、广东制造

1978年，中共十一届三中全会决定将党的工作重心转到以经济建设为中心上来，"中国制造"在中国大地重现生机。

伴随着灵活政策，广东的民营经济"先行一步"，率先登上经济舞台，广东制造再度崛起。1978年后，香港劳动力成本上涨，很多企业亟须把工厂转移到劳动力价格低廉的国家或地区。拥有10多亿人口的中国内地，正好解决了外资和港台资企业的劳动力成本之困。此时，改革开放的前沿阵地广东迎来了巨大的发展机遇。

大批小工厂开始在广东大面积兴起，他们办工厂的方式被当地人称为"三来一补"，即工厂的产品样式、原材料和设备均来自境外，生产出来的产品再以补偿贸易的方式出口到国外，从中赚取一定的加工费用，政府也会收取部分费用。

"三来一补"的方式是大多数民营企业的最初选择，也称得上是粤商对国家政策的灵活应对，以及企业生产方式的一种创新。同时，"三来一补"贸易形式也说明制度的放松以及政策的导向性对民营企业选择发展方式产生了重要影响。

1978年7月30日，华润公司总经理、广东省轻工公司总经理和香港老板张子弥一起来到了创办不久的虎门太平服装厂。张子弥是香港信孚手袋有限公司的老板，香港人工成本快速上涨，公司经营难以为继。就在这时，他听说广东要搞"三来一补"试点，马上就意识到机会来了。

当时太平镇（后合并到广东东莞虎门镇）制衣厂的供销科科长唐志平也参与到全程谈判

东莞"三来一补"工厂一景

中。张子弥找到唐志平,拿出一个黑色的女士时装包要求照样子尽快模仿。这是欧洲时下的流行款。唐志平抽调厂里3个技术最好的工人通宵赶制,在无任何技术指导和极其有限的设备的条件下,唐志平在翌日八点将一个一模一样的手袋交到了张子弥手中。

张子弥感受到了"虎门速度",当即拍板将手袋厂落户虎门。很快,张子弥与太平制衣厂签订合同,以来料加工的方式合作。张子弥投资机器,出原材料,并负责销售。太平制衣厂出厂方、人力,负责加工生产,并按每月加工费的20%偿还给张子弥,当作机器设备款。

就这样,这家"粤字001"号"三来一补"企业接到了第一单生意,开启了"三来一补"的时代篇章。

作为第一家"吃螃蟹"的企业,太平手袋厂放弃了内地当时流行的"大锅饭"和"平均主义",悄悄实行香港的"按件计酬"分配方式,这极大地刺激了工人的积极性,工人常常自愿通宵赶工。

勤快的工人一个月能拿到100多元,要知道,之前太平厂的工人工资才18～28元。一时间,太平手袋厂不仅成为工人挤破头想进的企业,更成为同行络绎不绝的参观场所。

受利好政策环境和廉价劳动力的吸引,港资、台资及韩资、日资企业纷纷投资,一时间,"三来一补"企业如雨后春笋,长满珠三角,行业遍及纺织、服装、玩具、食品等。

说太平手袋厂点起了中国手袋加工的"星火",一点也不夸张。当年最先进厂的一批人,后来离职后基本都开办了自己的工厂。但也因为业务骨干流失,以及竞争加剧等多方面的原因,太平手袋厂开始衰落。到1996年,工厂正式倒闭。而到了2010年,随着太平手袋

厂厂房被拆迁，在原址上建商品住宅楼，第一家"三来一补"企业就这样彻底在虎门消失。

经过10年迅速发展，珠三角原来承接"三来一补"业务的企业已经拥有了厂房、设备、资金甚至设计研发能力，开始纷纷转型升级。

1988年，郭台铭同样抓住了大陆制造业快速发展的商机，在改革开放的前沿深圳龙华投资富士康工厂，并在此后的20年里，富士康书写了"中国制造"崛起的传奇，成为全球最大的电子产品专业制造商。

1988年，郭台铭在深圳建厂时还只有百十来人。经过20多年的发展，富士康仅在龙华一地就有30万余工人，而在全球有120万余员工，相当于一个特大城市的人口规模。

富士康俨然是一个全球制造业"帝国"，它是全球第一大代工厂商和全球最大的电子制造商，其客户包括索尼、微软、摩托罗拉、诺基亚、惠普、苹果、IBM、英特尔等。

深圳富士康总部

仅仅30年，"中国制造"已变成世界工厂，而珠三角是工厂布局的重中之重。从广州出发，向南的两条公路，一条向珠海，一条向深圳，它们分别经南海、顺德、中山和东莞。改革开放之初，这四个地方还是农村，但从1978年全国最早的"三来一补"企业——太平制衣厂开始，四个城市在各自不同的条件下蓬勃发展，成为广东珠三角崛起的"广东四小虎"。

二、广东家电

经历改革开放10年后的中国，人们的收入和生活水平逐步提高，拥有各式各样的家用电器成为亿万家庭的追求，中国家电消费市场存在着巨大的市场需求。

1978年，陈伟荣、李东生和黄宏生这三位素不相识的年轻人考入华南工学院（现为华南理工大学）成为同窗。20年后，他们分别执掌中国彩电业的康佳、TCL、创维的帅印，被称为"广东彩电三雄"。

1988年，长虹发动让利销售活动，经过一番价格战后，中国彩电格局渐渐明朗，彩电市场逐渐被长虹、TCL、康佳占据。

当时中国家电企业多是"拿来主义"，在品牌、管理、技术等方面都无法与外国品牌抗衡，唯一的优势是低成本竞争。价格战也促使中国家电企业开始重视成本控制和管理效率的有效提升，大大增强了企业的内在竞争力。

2008年，TCL全球营业收入384.14亿元，6万多名员工遍布世界多个国家和地区。2008年，TCL在全球各地销售超过1436万台彩电、1370万部手机。旗下主力产业在中国、美国、法国、新加坡等国家设有研发总部和十几个研发分部，在中国、波兰、墨西哥、泰国、越南等国家拥有近20个制造加工基地。

2012年，TCL成为全球继三星、LG、索尼之后的第四大电视制造商。

创维的创始人黄宏生1956年生于海南临高，1972年高中毕业后，"上山下乡"来到海南山区。国家恢复高考后，黄宏生通过高考，来到广州华南工学院读书。因热爱无线电，黄宏生在校时选择就读无线电工程专业，并立志创建像索尼一样的中国家电企业。毕业后，黄宏生进入国企华南电子进出口公司担任助理工程师。当时

陈伟荣、黄宏生和李东生合影

第九章　中国制造

国内企业还很少使用电脑,在对电脑有所了解之后,他敏感地预测到电脑在国内市场有着广阔的前景。当时的进出口公司仅做进出口代理,赚点手续费,利润率不高。黄宏生提出"进口+直销"的商业模式,主张进口电脑在国内市场销售。在获得领导的支持后,黄宏生得到200万元启动资金。他首先成立电脑事业部,然后招聘十多名优秀大学毕业生做营销,随后率领团队参加各种展销会扩展营销渠道,当年电脑事业部就净赚2 000万元。两年后,他升任常务副总经理(副厅级),年仅28岁。与同时代的许多创业者不同,黄宏生在创业之前,已经有成功的商业经验和良好的事业起点。

正当事业春风得意之时,黄宏生却做出了一个出人意料的决定——辞职下海经商。1988年,黄宏生辞掉了副厅级的官职,来到香港闯荡,用自己的10万元积蓄在香港注册成立了一家公司"创维"。与大多数创业者不同,黄宏生离职创业更多的是为了实现自己"中国索尼"的梦想。

看准东欧以及国内电视机市场的巨大潜力,黄宏生决定模仿索尼转型生产彩色电视机。当时彩色电视机正从晶体管转向大规模集成电路,其技术绝非创维这样只有100多人的小厂所能达到的。为攻克技术难关,黄宏生从大学招聘人才,建立由50多人组成的电视机研究所。为了解决资金问题,黄宏生从银行贷款500万元,用于企业转型开发彩色电视机项目。经过六七个月的努力,电视机总算生产出来了,但技术水平在国际市场上落后,且不符合国际标准,产品在国外市场无人问津,企业再次陷入破产的边缘。

恰逢此时,香港全球供应制造厂商讯科集团突然破产,大量技术人员外流,而这些一流的技术人员正是创维攻克彩电技术瓶颈所急需的。但是创维作为一家小厂,并不能提供高薪来招揽这些技术人员。黄宏生采用技术入股的方式,拿出15%的股权,分给从讯科引入的彩电研发人员,与之形成长期的战略合作关系。经过9个月的研发,终于生产出能够打入国际市场的质量合格的产品。1992年,创维在德国的展览会上首次亮相就接到了2万台电视机的订单,产品直接打入海外市场。创维依靠技术征服了欧洲市场,而当时东欧市场彩色电视机非常紧俏,产品供不应求,东欧的订单纷至沓来,创维电视逐步走向全世界。

中国彩电行业经历20世纪80年代后期的重复引进和重复建设,生产规模急剧扩张。到20世纪90年代中期,彩电行业的产能逐步释放,彩电行业产能迅速由短缺走向过剩。在国内市场上,彩电生产企业众多,达到120余家,而国内各彩电生产厂商的技术水平差异不大,企业的竞争主要围绕产品价格、售后服务体系和市场营销体系展开;而国外品牌则依靠技术优势,在 25 英寸(1 英寸 =2.54 厘米)大屏幕彩电的高端领域占有主导地位。产能的过剩,加剧了彩电企业的竞争。1996 年,长虹在全国范围内大幅度降价,拉开价格战序幕。经过数次价格大战,彩电行业的市场和生产格局发生巨大变化,销售量前十位的品牌市场占有率已达到 80%。彩电生产越来越向优势企业集中,逐步形成几大主导厂商。在这样的行业背景下,黄宏生带领创维在产品技术、人力资源和营销模式等方面不断进行变革,提高企业的核心竞争力。最终,创维在行业的洗牌中脱颖而出,成为行业主导的生产企业之一。2008 年,创维电视销售总额及液晶电视销售总量均列全国第一。2009 年,创维液晶电视全球市场排名第十,国内市场占有率排名第一。2011 年,中国电子企业品牌价值排行榜公布创维品牌价值达到 281.69 亿元。

三、制造业升级

"珠江水、广东粮、岭南衣、粤家电"书写了 20 世纪 80 年代广东"中国制造"的传奇,而到了 90 年代,随着汽车、船舶、石化、装备工业等重工业产品不断涌现,"中国制造"的组成格局已悄然发生深刻变化。

佛山陶瓷行业的兴起和转型升级过程就是范例之一。陶瓷生产在我国有悠久的历史,是我国传统文化的组成部分之一。目前,我国陶瓷产业主要分布在河北唐山、邯郸,山东淄博,江西景德镇,湖南醴陵,广东佛山、潮州,广西北流,福建德化等地,其中,著名的五大产区为江西景德镇、湖南醴陵、河北唐山、山东淄博和广东佛山,其产量占全国的 80%~90%。

佛山被誉为"中国陶瓷名都",而石湾则是佛山的陶瓷发源地。石湾制陶技术已有几千年的历史,明清达到鼎盛,自古就有"石湾瓦甲天下"的美誉。石湾以前主要使用龙窑来烧制陶瓷器物。龙窑一般依山坡而建,取其倾斜顺应之势,宛似巨龙从天而降,因而把这种窑体称为"龙窑"。在石湾陶业全盛时期的清代,石湾共有 107 座龙窑,现仅存 3 座,南风古灶是其中最古老的一座龙窑。南风古灶坐落在广东省佛山市禅城区石湾东平河畔,建于明代正德年间(1506—1521),500 年来窑火不绝,生产不断,一直保留着传统的柴烧方式烧制陶器,至今保存完好并仍在使用,已被列为全国重点文物保护单位,并以"连续使用至今的最古老的柴烧龙窑"载入吉尼斯世界纪录,被誉为"活的文物"。

第九章　中国制造

"粤商文化"丛书

粤商崛起

南风古灶

　　石湾陶瓷博物馆静态展示区展出多组在南风古灶烧制的大型陶塑，如长42.6米、高2.6米的巨型陶制手捏贴塑壁画《东平河图录》，中国陶瓷艺术大师钟汝荣创作的中国最大的陶瓷浮雕门神，反映石湾陶业二十四行分布状况的大型微雕陶塑《石湾二十四行分布图》，大小与真人相仿的表现石湾制陶场景的7组大型人物陶塑等，精致细腻，活灵活现，烘托出浓浓的陶文化气氛。

　　除了大型陶塑，令石湾闻名于世的还有石湾公仔。"妙手匠心巧出神，泥沙水火见奇珍。艺精品美石湾瓦，名甲四方天下闻。"这是描述佛山石湾公仔的诗句。可以看出，佛山的石湾公仔早已名扬四海，那生动传神的造型，那流光溢彩的风情，让人深深地沉湎于泥土与水火所凝聚而成的艺术之中。俗称"石湾公仔"的石湾艺术陶瓷，是在日用陶瓷高度发展、商业流通活跃繁荣的基础上产生的。每件作品都别具浑厚、粗犷、质朴、率真的审美情趣。上釉别具一格，釉色浑厚斑斓，造型生动传神。塑造人物则以不施釉的陶泥"胎骨"表现人体肌肤，取得了"比瓷雕更有温情和人性"的艺术效果。自距今几百年前的明朝开始，石湾公仔已逐步形成自己的风格，在兼收并蓄、善仿善创的发展进程中，成为中国乃至世界陶艺史上的一朵奇葩。

　　作为"南国瓷都"的佛山，不仅以石湾公仔为代表的艺术陶瓷享誉全球，其建筑陶瓷更是近年来引领佛山发展的重要产业。

石湾公仔

20世纪70年代末,石湾生产的传统陶瓷产品,很多已经不适应市场的需要,市场需要却限于设备能力而不能大量生产,部分企业因此而陷入困境之中。

1984年10月,我国首条从国外引进的彩釉砖生产线在石湾利华装饰砖厂一次点火试产成功。这一事件被誉为"揭开了中国建陶工业与现代化、国际化接轨的序幕"。

一石激起千层浪。其后几年,釉面内墙砖、彩釉马赛克等自动化生产线,纷纷在佛山市各大陶瓷厂扎根。从此,佛山陶瓷产业开始进入规模化、产业化阶段,发展速度不断加快,技术水平不断提高。

翻阅目前佛山生机盎然的陶瓷企业的发展历程,1993、1994年创立的企业占了很大一部分。1998年9—11月,佛山南庄镇把国有、集体性质的陶瓷企业作价11.81亿元全部出售给民营企业,从此佛山的陶瓷行业规模迅速膨胀。

叶德林,佛山隔巷村人,原为镇办企业的厂长,在这次转制中竞标买下了明珠集团属下的明珠装饰厂和恒泰陶瓷厂。叶德林马不停蹄地开始了一系列管理、技术和模式的改革与创新,之后的新明珠集团走上了发展的快车道。

经过20多年的迅猛发展,如今的新明珠集团旗下有三大集团,千亩以上跨省产业基地3个,年产瓷砖超过1亿平方米,傲居国内建陶行业之首,相当于世界"墙地砖王国"意大利全国年产量的1/6。与此同时,被众人尊称为"德叔"的叶德林也赢得"全国建材行业劳

第九章 中国制造

动模范""陶业十年经济领袖""全国建材行业改革开放三十年代表人物""十大新粤商"等多项桂冠,为我们树立了一个农家孩子走向成功的典范。

多少年来,中国建陶企业在公众形象中,总是与脏、乱、差、污染环境等字眼联系在一起的,佛山一带的陶瓷生产,大多饱受此类恶名。尤其是近年来政府对环保工作的重视,叶德林为此感到责任重大,曾先后6次率队前往意大利、西班牙等多个西方陶瓷大国考察,寻找环保的生产方式。

考察归来后,构筑一个环保型陶瓷样板工业园区,将现代清洁生产与循环经济理念引入传统建陶业的战略开始在叶德林的头脑中形成。在广东三水工业园的规划定位上,叶德林便以此为蓝图的"根",深深植入其中。

三水工业园整个厂区按国际标准 ISO 14001 环境质量体系要求建设,在设计理念上,从被动减轻对环境的破坏变为主动改善和爱护环境。工厂、办公、科研、生活区合理布局,以园林绿化将建筑和道路美化"包裹"起来,营造多个主题公园和一道道、一圈圈的绿化带,仅是员工生活区的"绿陶苑",就投入近千万元进行绿化、环保配套建设。一条古老而清澈的小河,把厂区和生活区分割开来,只见小桥流水人家,鸟语花香清如画,四下恬静优雅,听不到一点机器声的嘈杂,找不到高耸的烟囱,更看不到一丝排放的黑烟、白烟……

正如叶德林常说的那样,只有污染的老板,没有污染的企业。在三水园区,叶德林创造出一个目前国内独一无二的省级清洁生产企业,为中国乃至世界建陶行业树立了一个典范。

环顾珠三角,有很多企业正在转型升级、破茧成蝶,如比亚迪凭借先进电池技术成为代表未来新能源汽车领域的领跑者,以 TCL、康佳、格力、格兰仕、美的为代表的家电制造企业也在不断进行技术创新,捍卫着中国家电制造业的领地,广东制造正在不断前行。

四、"隐形冠军"

"中国制造"已经崛起,不仅在国内与国际品牌竞争,更跨越海洋,到大洋彼岸与世界共舞,融入、渗透到外国人民点点滴滴的生活中。

美国作者萨拉·邦焦尔尼在其著作《美国家庭生活历险:离开中国制造的一年》中描述到:2004年圣诞节,39件圣诞礼物中,中国制造的有25件,与此同时,家里的鞋、袜子、玩具、台灯也统统来自中国。如果没有中国产品,让她无法想象美国人的生活会是怎么样

"中国制造"已撒遍神州大地。其无孔不入的渗透力让世人惊叹，而这不仅仅来自各大知名品牌，更来自一大批"隐形冠军"的默默付出。

什么是"隐形冠军"？"隐形"，是指这些企业几乎不为外界所关注；而"冠军"则意味着这些企业几乎完全主宰着各自所在的市场领域。

"隐形冠军"不在乎豪情万丈的夺冠争霸，更多的是脚踏实地的实干。在20世纪80年代开始的"前店后厂"的发展道路上，他们没有制造轰轰烈烈的营销事件，没有战略性地转向庞大市场的新兴产业。他们只专心做两件事：接单、生产，再接单、再生产……十年如一日，百炼成钢。

广州乐美文具有限公司就是这样一家"隐形冠军"企业。乐美文具成立于1991年，经过20年的发展，乐美已经成长为集研发、生产、营销于一体，中国规模最大、综合实力最强的大型专业文具企业集团之一。在上海、江苏昆山、广东清远各有1个生产基地，在瑞士、韩国和上海各有1个技术开发中心，厂房面积约12万平方米，员工总数达6 000人，年销售业绩10亿余元。

乐美旗下的"真彩"品牌是中国文具行业具有世界影响力的领导品牌之一，早在2006年，其品牌价值就高达12.29亿元。2006年1月，真彩更是成为第一家进入德国法兰克福

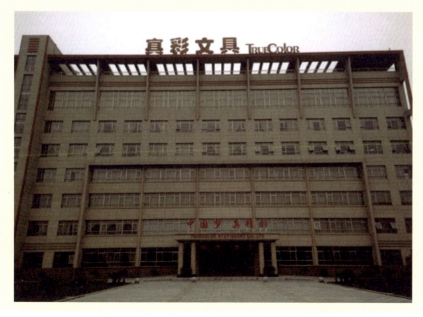

真彩文具

国际文具展览会品牌馆的中国文具品牌。

可以说，广东乐美正是制笔行业的一个"隐形冠军"。

中山，这个令人肃然起敬的城市，近代诞生了孙中山、唐廷枢、徐润、郑观应等显赫人物，"隐形冠军"企业广东中山圣雅伦有限公司也诞生于此。这家企业认准不被人在意的指甲钳行业，一头深扎下去，只用两年时间就达到行业国内最大、世界第三的水平，在小产品里玩出了大乾坤。公司的董事长梁伯强也被业界称为"指甲钳大王"。

当时国内的指甲钳不管是哪个厂家生产的，产品造型都非常单一，生产粗糙，剪起指甲来非常费劲；而国外的指甲钳，虽然各自特点都不相同，但其共同点是精致、耐用、实用。通过详细的比对和市场调查后，梁伯强决定向世界先进的指甲钳生产商韩国的"777"取经。一方面，梁伯强决定做"777"的中国代理，建立自己的销售渠道；另一方面，梁伯强也组织科研人员加急研制生产自主品牌的指甲钳。梁伯强来回韩国20次，先后购买了近1 000万元的货物，基本上把对方的整套技术领悟透了。

1999年6月初，梁伯强带着两组共60把自主研发生产的指甲钳，来到位于辽宁沈阳的检测中心，对产品进行检验。一周后，检测结果出来了：六项指标中，四项与韩国名牌产品持平，另外两项超出。据国家日用五金制品监督检测中心介绍，这是检测中心有史以来开出的与国际标准接轨的第一张指甲钳质量检测合格证书。凭着超群的品质，梁伯强把"非常小器"的圣雅伦指甲钳事业推向高峰。

除了"隐形冠军""指甲钳大王"，中山还有很多"隐形冠军"，如亚洲最大的水族器材设备生产基地——中山振华电器有限公司、"亚洲阀门大王"——长青—创尔特集团、中国最大开关生产基地——中山天朗电器有限公司，等。

在顺德家电业、佛山陶瓷业、东莞虎门服装业、中山古镇灯饰业等产业集群中到底还有多少"隐形冠军"没有被发现呢？我们不得而知。但珠三角遍地兴起的工业园和工厂、众多出现外商身影的专业市场表明，中国还有很多行为低调、鲜为人知的"隐形冠军"。

这些"隐形冠军"不仅仅代表自己，更代表自己所辐射的制造产业，他们诠释了"中国制造"崛起的经验和秘籍，在"中国制造"华丽的外表下有一根根坚实的肋骨支撑着，这些肋骨就是千千万万的中小企业。

五、"世界工厂"与中国制造

在中国制造快速崛起的同时,中国市场也随国内经济的快速发展迅速膨胀。从1992年开始,中国GDP增长率连续20年超过7%,是全球经济持续增长最快的国家,并在2010年超过日本成为全球第二大经济体。

2001年中国正式成为世贸组织(WTO)成员,标志着中国对外开放进入新阶段,也标志着中国正式融入世界经济。

在中国融入世界经济的同时,外资企业也迅速进入中国市场。中国企业在全球面临的挑战也越来越多。

近年,"用工荒"、原材料价格上涨、劳动力价格上涨等问题接踵而至,成本节节高升,营收、利润锐减,中国制造业遭遇前所未有的困难。

中国已经成为"世界工厂","中国制造"要走向全球。在新形势和新格局下,面对美国发起的贸易战、科技战,"中国制造"必须打造自身核心竞争力,解决"卡脖子"技术,加快转型,向"中国创造"转变。

最先走出国门、参与世界竞争的粤商早已意识到这一点,格力已经成长为"世界品牌",美的、格兰仕正在向"百年企业、世界品牌"迈进,华为已成长为科技巨无霸。"敢为天下先"的粤商带领"中国制造"向"世界品牌"转变,这也是中国由大国到强国的必经之路。

第十章
创新先锋

粤商崛起

一、传统企业创新

当我们走在城市最繁华的街道上,看到的是沃尔玛、家乐福攻城略地的广告宣传,匆匆走过的行人手拿着的是苹果、三星手机,大街小巷奔跑的是丰田、本田、奥迪、大众等国外品牌汽车……

从中国加入WTO的那一天起,中国就融入了世界经济,世界也融入了中国,世界各国的跨国巨头争先恐后地来抢占中国市场,国内外产品激烈竞争。如何生存与发展,是每个企业必须面对的难题。

(一) 王传福:"电池大佬"的汽车梦想

1995年,王传福注册成立了比亚迪科技有限公司。2003年,比亚迪公司就成了全球第二大充电电池生产商。

2002年,汽车业的丰厚利润在制造业激发起一股强烈的"造车冲动",随后家电业、手机业、烟草业等行业的巨额资本像潮水一般涌入汽车业,所有人都想在汽车市场分到一块蛋糕。单2003年就有包括美的空调、奥克斯集团、格林柯尔、波导等诸多企业纷纷花巨资开始进军汽车行业,而比亚迪只是其中的一家。收购秦川汽车,是比亚迪进军汽车行业的第一步。

秦川汽车自身的背景是比亚迪决定收购的一个重要原因。首先,秦川汽车拥有轿车目录,说白了就是"汽车准生证",国家发改委每年都会发布几期车辆生产企业产品目录,只有榜上有名的车型才能生产。很多企业都在这个"准生证"上走了弯路。比如,奇瑞是分给上汽集团20%的股权才获得"准生证"。其次,秦川汽车有自主研发福莱尔的经验和技术,其生产线当时都是从国外进口的,设备还算先进。

当然,收购也不是一帆风顺的。虽然比亚迪企业内部支持王传福的行为,不过当时持有比亚迪股份的几个投资人知道这一消息之后强烈反对王传福的做法,甚至还威胁王传福,如果比亚迪收购秦川,那么他们将抛售比亚迪股份。随后,在比亚迪收购秦川后的几天内,比亚迪的股价真如投资者所说的那样从18港元急跌到9港元。

在这种情况下,王传福紧急召开记者会和投资人会议,并告诉大家他的意图:做电动汽车比亚迪有先天优势,电动汽车、混动车都需要电池支持。收购秦川汽车有助于开发电动汽车的充电电池,能够将比亚迪制造电池的技术有效利用。在一番解释之后,投资人才放缓他们的撤资行为。至此,比亚迪汽车公司得以正式创立。

要想在短时间内造出好车并不容易,比亚迪采用的方法就是"逆向研发",比亚迪并不避讳这种生产方式,甚至每年都会花数千万元购买各个品牌的全新车型进行拆解学习,如奔驰、宝马、雷克萨斯、丰田、本田,应有尽有。

这种"逆向研发"的方法并不是比亚迪针对汽车产业独创的,而是传承自电池产业。早年间,王传福也是这样建立了电池的第一条生产线。当时一条最先进的三洋全自动电池生产线需要数千万元,而比亚迪全部创业资金只有250万元,于是王传福通过拆解改装,只花100多万元就建成了一条同样的生产线。

比亚迪还推崇另一种造车理念,那就是"人海战术"。王传福是这样算账的:一套进口设备20万美元,按60个月折旧,一个月2万元人民币。如果这笔钱用来雇用工人,2万元可以请多少人,十几个人顶不上一个机械手吗?

就是在这样的"研发"背景下,2005年,第一款真正为比亚迪打开汽车市场的F3车型诞生了。另外,比亚迪还开创了"分站上市"的"精准营销"策略,这种策略的出发点是产品的服务必须达到一定的标准,即在当地必须有足够多的经销商网络,才允许F3在当地上市。到2006年,比亚迪F3在北京上市时全国就拥有近500个服务网点、300多个销售网点。

大家最关心的还是为什么比亚迪能够把价格压得这么低,甚至上市几年以后,F3的最低起步价仅为5.29万元。因为"逆向研发"给比亚迪省下1/3的研发经费。这是第一个原因。

第十章 创新先锋

第二个重要原因就是比亚迪"亲力亲为",配套自主生产零配件。按王传福的话说,除了轮胎、玻璃和少数标准件,比亚迪几乎所有的配套产品,如减震器、座椅、车灯、雨刮器等都可以部分或者全部由自己生产。这样做的好处,一是可以掌握核心技术,二是可以节约大量成本。通俗点说,就是比亚迪的低车价均是从这些零部件上省下来的。

F3的巨大成功,让比亚迪品尝到了"逆向研发"的好处,于是加快了研发的步伐。在随后的几年里,比亚迪分别针对不同的原型车研发出比亚迪F0、比亚迪F3R、比亚迪G3、比亚迪L3、比亚迪F6、比亚迪M6等车型。研发新车速度之快,让人叹为观止。巴菲特入股比亚迪,更让公司的发展一日千里。

巴菲特入股比亚迪

王传福,从一个研究电池的专家成为世界级电池大王,用了7年时间;从一个汽车业的外行成为中国增长最快的民营汽车企业的总裁,用了4年时间。如今,比亚迪已坐拥IT、汽车和新能源三大产业。在IT领域,比亚迪稳居全球第一大充电电池生产商地位,镍镉电池、手机锂电池出货量全球第一,手机按键出货量全球第一,手机外壳出货量全球第二。而在汽车领域,比亚迪汽车已快速成长为最具创新的新锐民族自主汽车品牌,通过一系列纯电动车的上市,比亚迪已逐步确立其在全球新能源汽车领域的领先地位。在新能源方面,比亚迪成功推出了太阳能电站、储能电站等绿色产品,立志于继续引领全球新能源变革。

(二)格兰仕:从"世界工厂"到世界品牌

格兰仕集团是一家世界级综合性白色家电企业。自1978年创立至今,格兰仕由一个7人创业的乡镇小厂发展成为拥有近5万名员工的跨国白色家电集团,是中国家电业最具影响力的龙头企业之一。从轻纺行业转入微波炉行业后,如今的格兰仕已经成长为一个以微波炉、空调、冰箱、洗衣机、厨房电器及其他生活电器为核心的白色家电集团。作为一家具有世界影响力的国际化经营企业,其在中国香港、加拿大、墨西哥设立了分公司,在韩国、美国、法国、英国、俄罗斯、西班牙等国家设有商务分支机构,分销网点遍布全球近200个国家和地区,在世界范围内和200多家跨国公司进行经贸合作。随着全球市场和业务板块的持续扩张,格兰仕还计划向东南亚、南美、东欧等地拓展全球制造和营销网络。

  1990年初,微波炉还是发达国家的大公司才能生产的高档家电,价格昂贵,并不是发展中国家的一般家庭消费得起的。随着生产国国内市场需求的饱和及成本的不断上升,许多大公司在自身牢牢掌控核心技术的同时,开始向发展中国家进行技术输出和产能转移以增加利润。1992年,梁庆德果断放弃当时生产经营利润还比较好的羽绒制品业务而转向更有生命力的微波炉行业,成立了格兰仕。为了掌握微波炉制造技术,梁庆德多次登门上海无线电十八厂,邀请当时技术较强的5位微波炉专家作为公司的高级工程师。这样的一支技术队伍,奠定了格兰仕消化从国外引进技术的能力基础。同年,格兰仕投资400万美元从日本东芝引进了20世纪90年代最先进的微波炉生产线,开始了高质量微波炉的标准化生产,领先的规模化生产带来了成本优势。1996年,格兰仕微波炉首次实行低价战略,大幅调低售价,从而迅速占领了53.2%的中国市场份额,在国内获得绝对优势。此时的格兰仕并没有满足于中国市场,而是思索着如何进一步扩大自己的发展规模,走向全球市场。

  然而,直接参与海外市场的竞争,格兰仕并不具备任何竞争优势。作为家族企业的格兰仕,资金规模非常有限,还不具备微波炉自主研发的核心技术,同时缺乏海外市场管理经验,如果盲目地直接进入海外市场只会无功而返,甚至影响自己之前积累的国内优势。梁庆德及其管理层分析后找到了适合格兰仕进行全球化经营的路径——为国外先进品牌进行OEM贴牌生产,充分发挥自身的比较优势。作为发展中国家,中国具有廉价的劳动力和原材料,而中国政府为了创汇,对出口也出台了许多激励政策。同时,随着全球化的加速和自由贸易的发展,许多欧美和日、韩企业鉴于本国生产成本的不断提高,希望通过生产转移降低生产成本。格兰仕的低价供给以及在此之前良好的质量管理(格兰仕是国内第一家获得ISO 9001国际质量认证的民族品牌)让其成为许多国外著名品牌贴牌生产的最佳选择。

格兰仕的高级 OEM 贴牌生产为其全球化经营战略的升级打下了良好的基础。首先，格兰仕通过高级 OEM 形式引进了世界先进的产品技术，继而积极消化和吸收这些具有世界领先水平的微波炉技术，节省了前期研发投资的巨额投入，低成本地完成了全球化经营战略升级的技术创新积累。与传统自建生产线的 OEM 模式相比，格兰仕的代理生产模式更为高级，它并不是用自家的设备代工别人的产品，而是让外国的著名企业直接将先进的生产线转移过来，不费成本就引进了世界一流的生产设备和生产技术。1999 年之后，格兰仕与世界上 200 多家国际知名的跨国公司建立了产业链上的战略联盟，将世界知名企业的整机生产、制造以及核心零部件的生产链全部转移到格兰仕的生产基地。其次，全球 OEM 代工生产带来了格兰仕在研发上的规模经济。例如，在进行全球 OEM 代理生产后，格兰仕的微波炉年产规模达到了 1 000 万台，即使格兰仕在微波炉上每年投入 5 亿元研发费用，平摊到每个产品上的研发成本也平均不到 50 元。所以，通过全球化的代理生产，格兰仕获得了在研发方面极大的规模效应，增加了格兰仕在技术研发投入上的承受能力（张建琦等，2012）。

格兰仕的全球化经营战略随着自身微波炉技术创新的不断升级而升级。随着中国经济的发展，格兰仕的领导层意识到中国原材料和人力资源的低成本最终都会消失殆尽，格兰仕必须在国际市场中找到自己的新定位。2000 年初，格兰仕的领导层提出了由"世界工厂"向"全球名牌家电制造中心"转变的全球经营战略升级，这意味着格兰仕开始了全球 OEM 与 ODM 并存的全球化之路。为了加快核心技术的掌握，2000—2003 年短短 4 年间，格兰仕在新产品研发方面投入 10 亿余元，技术研发效果非常显著。例如，格兰仕 2000 年启动了磁控管核心技术的研发项目，并在第二年年底初步研制成功；2001 年，格兰仕美国家电研发中心成功研制出世界首台数码光波微波组合炉，这是格兰仕集团首个具有自主知识产权的专利技术，将整个微波炉行业带入数码光波时代，为微波炉行业设定了新的世界标准。之后，格兰仕陆续推出世界上第一台变频微波炉、蒸汽光波微波炉、球体光波微波炉等产品。

格兰仕成功实现了自己的 ODM 自主研发创新的发展阶段，其在微波炉行业的技术创新已经成为世界其他同行企业的风向标。随着 ODM 战略的成功实施，格兰仕在微波炉行业已经拥有世界领先水平的技术创新能力，奠定了其在全球化自主品牌经营的技术基础；通过 OEM 与欧美、日韩企业的战略联盟合作，利用它们既有的全球营销渠道，格兰仕微波炉成功输出自己的产品，形成了一定的世界影响力；而通过多年的学习和探索，格兰仕也积累了海外市场的运作经验。总体而言，格兰仕进行全球化自主品牌经营的条件日趋成熟，随着国

格兰仕总部生产基地

内人力资源和原材料成本的进一步提升,以及环保节能等新消费理念的兴起,格兰仕开始了其在全球经营中的再一次战略升级。

2006年,董事长梁庆德提出了格兰仕要做"百年品牌、世界品牌"的新发展战略,这是格兰仕第一次向外界正式提出全球OBM战略。为了能够适应全球OBM新战略,从2004年开始,格兰仕就着手进行公司治理结构的变革创新。2006年,集团撤销了原有的3个独立的公司——微波炉销售公司、空调销售公司和生活电气销售公司,将之整合为中国销售总公司。与此同时,格兰仕成立了海外贸易总部,管理日益庞大的海外市场业务。海内外市场具有不同的特点和竞争环境,根据销售区域进行管理划分,这样能更好地推动从"世界工厂"向"世界品牌"的战略转型,更好地打造格兰仕相关多元化产品在国内外市场统一的品牌形象。

全球OBM战略需要对全球市场的创新需求做出准确快速的反应,为此,格兰仕进行了人才要素的全球化布局。除了中国总部拥有全球规模最大的微波炉研发、制造中心,还在美国、日本、韩国以及欧洲等国家和地区积极寻求与当地专业科研机构、知名企业研发中心的合作,并在各地建立自己的"格兰仕研究中心"。现在,格兰仕旗下已经聚集了来自世界各地的顶尖创新力量,技术研发的全球化布局大举吸纳了海外本地化的权威技术专家。人才要素的全球布局和当地化,能够对世界各个市场出现的创新

第十章 创新先锋

需求进行快速反应，从而提供更优质的产品服务。

格兰仕微波炉的创新一直服务于全球市场，独创全球的技术创新能力也获得了全球客户的认可。2011年，格兰仕推出的微波烹饪炉UOVO，一举攻克了微波炉行业60多年来一直无法解决的技术障碍，并解决了国外企业30多年来一直无法实现的向上开启结构设计难题。截至2011年底，格兰仕已拥有家电专利1473项，其中，发明专利166件，世界首创的UOVO圆形微波炉等拥有多项国际专利。而格兰仕微波炉在全球销售市场的占有率已经将近50%，获得了绝对的优势地位。

现在的格兰仕已经成为世界微波炉的代名词，在全球微波炉市场上拥有了主动权。回顾格兰仕全球化经营的成功之路，可以发现格兰仕采取的是稳步前进的策略。从全球生产到全球制造，再到打造全球品牌，格兰仕只有在自身的积累成熟后才会进行全球经营战略的升级。而这样一个升级过程可以从格兰仕的技术创新上找到很明显的一条轨迹。从OEM引进全球先进技术进行消化吸收缩小差距，到ODM突破核心技术开始平等对话，再到OBM自主研发领先技术掌握全球的主动权，如今的格兰仕实现了OEM、ODM、OBM三者并存且共同发展。格兰仕在这三种全球经营模式中找到了一条能够互相促进的纽带，正在一步一步实现着自己的世界品牌梦想（张建琦等，2012）。

（三）徐航：以创新为企业的生命力

徐航，1984年毕业于清华大学计算机系，获学士学位；1987年毕业于清华大学电机工程系，获生物医学工程专业硕士学位。1991年，29岁的徐航放弃一家医疗器械公司技术负责人的职位，与该公司另外几位骨干自立门户，创建迈瑞。"当时中国基本没有什么医疗电子行业，几乎所有医疗设备都是进口，中国的医疗技术水平比较落后，没有人相信本土企业会闯出一片天地来。但我觉得越是在国外产品一统天下的情况下，我们越要做点事情，于是创办了这家公司。"带着简单而又充满理想的初衷，徐航走上了创业之路。但是，迈瑞一出生就遭遇了残酷的竞争环境，在GE、飞利浦、西门子等巨头的包围中求生存，员工戏称为"刚上篮球场对手就是乔丹，刚上拳击台对手就是泰森"。

面对强劲的竞争对手，徐航只能迂回作战，靠代理国外医疗器械来维持公司运转。而对于迈瑞的发展，徐航有着清晰的思路："代理不是我们的定位，只是一个过渡。创业之前我们是做研发的，还得过国家科学进步奖，但是由于创业初期资金的限制，我们必须用代理来积累资本和经验。"

深圳迈瑞生物股份有限公司

1995年，迈瑞的代理业务已经在国内铺开自己的销售渠道，顺风顺水，驾轻就熟，达到了每年数千万元的规模。然而，当时中国医疗器械市场的状况却让徐航兴奋不起来。当时，国外医疗器械占据了国内市场约90%的份额，尤其是高端医疗设备几乎是清一色的洋仪器。在一些领域，市场往往只有两三家进口厂商在做寡头竞争。精明的代理商互相串通，联手抬价，垄断市场。如果没有国内厂家的参与，产品在中国的价格就不可能降下来。而徐航就要做这第一个吃螃蟹的人——让迈瑞走上自主研发的道路。

在迈瑞的发展史上，曾经有两次"一亿元"的突破。一次是1997年，迈瑞的销售额达到了一亿元，代理产品与自有产品各一半；一次是1999年，迈瑞自有产品销售达到一亿元。在徐航看来，这两个"一亿元"，意义大不相同，而后者是徐航更想要的。

自主研发的梦想，徐航从迈瑞诞生之初就小心翼翼地实践着。他们团队的技术背景是超声诊断仪器，但是此类仪器投资大，回报周期长。在缺乏资金的情况下，徐航并没有抱着自己的专长不放，而是选择从门槛低、投入少、产出快、市场大的临床监护仪器切入。

第十章　创新先锋

"粤商文化"丛书
粤商崛起

一次偶然机会，徐航听国外专家讲，除了心电、血压、体温这三项常用的生命体征指标，血氧饱和度在发达国家也是应用很成熟的参数，用它来测量更准确，也更灵敏。迈瑞由此突破，推出中国第一台单参数的血氧饱和度监护仪。1993年，又成功推出中国第一台多参数监护仪。

向全球提供"最优性价比"的医疗设备和服务，徐航将此作为迈瑞必达的使命。而要达到性能与价格的完美平衡，意味着迈瑞必须有极大的决心和魄力。徐航也清楚，只有增强迈瑞自主研发的实力，才能提升产品的性价比。而自主研发的过程并不容易，尤其是对核心技术的攻关，投入大、时间长，考验着企业的耐力。是在研发的巨大压力面前全身而退，还是破釜沉舟接受挑战？站在岔路口，徐航毅然决然地选择了后者，义无反顾地将迈瑞领上了自主研发的道路。

2005年，迈瑞用于技术投入的资金超过1亿元，2006年超过1.6亿元。近3年来，迈瑞的研发投入已占公司销售收入的10%左右，这一比例还在逐年上升。迈瑞每年都要招收超过300名应届硕士充实到研发队伍中，近四成员工服务于研发系统。至2005年底，研发人员已达800余人。如此的研发团队和投入，在全国同行业绝无仅有。"无论从人员结构还是从研发投入的比例，迈瑞都是领先的。"徐航对此有足够的自信。

由于迈瑞对自主创新的全力投入，其自主创新的实力不断增强，反映在市场上，则是产品的市场占有量急剧攀升。根据深圳海关统计，目前国内出口海外的高端医疗设备，每100台监护仪中，迈瑞就占61台；每100台B超中，迈瑞就占32台。由于迈瑞的出现，原来垄断国内监护仪领域70%以上市场份额的跨国公司，如今只剩30%的份额。徐航"把二流跨国企业赶出中国去"的梦想，终于变成了现实。

而更令徐航高兴的是，迈瑞的崛起使国际品牌的价格直接大幅下落50%，让普通消费者直接受益，他把这看作迈瑞最大的价值所在。据了解，由于迈瑞监护仪、B超等产品的大量推出，国内此类医疗设备大幅度降价六成以上。以监护仪为例，在迈瑞1992年研制出国内第一台监护仪前，当时行销的产品进口价高达七八万元，迈瑞的产品售价低至5万元，一下就将价格拉低了两三万元。质优价廉，使迈瑞在产品性能和价格两方面走出了完美的平衡线，徐航兑现了"向全球提供最优性价比的医疗设备和服务"的庄严承诺。

2005年，徐航获得深圳市科学技术最高荣誉"深圳市市长奖"；2006年9月16日，迈瑞生物成为登陆美国股市的中国第一家医疗企业；2007年10月，徐航获全球商业界的"奥斯卡奖"——"安永中国企业家奖"。

徐航一手创建的迈瑞经过二十几年的发展，产品已经涵盖生命信息监护、临床检验及试剂、数字医学超声成像、临床麻醉系统四大领域，在全球范围内的销售扩展至140多个国家和地区，成为中国医疗设备领域的航母企业。

二、互联网企业创新

互联网热潮以惊人的速度在全世界兴起，世界突然走上以互联网为纽带的信息高速公路。托马斯·弗里德曼在《世界是平的》一书中描述到："科技和通信领域如闪电般迅速地进步，使全世界的人们可以空前地彼此接近。"

中国正在迅速地接近世界，形成几大互联网巨头：新浪、腾讯、搜狐、网易、百度、阿里巴巴及盛大。

（一）马化腾与腾讯

腾讯目前是中国最大的互联网综合服务提供商和中国服务用户最多的互联网企业。你也许没有听说过马化腾，但你一定听说过腾讯。要是你从来没听说过腾讯，那你一定知道QQ，知道那只可爱的小企鹅。

在原有QQ的巨大成功基础上，马化腾和腾讯公司又为我们带来了得意之作——微信。短短两年时间，微信就成为时下最热门的社交平台，也是移动端的一大入口，正在演变成为一大商业交易平台，其对营销行业带来的颠覆性变化开始显现。微信的发展越来越成熟，功能不断完善，成为人们首选的沟通工具，其商业价值也不断凸显。

马化腾所创立的商业帝国拥有最好的创新能力和盈利能力，其业务涉及门户网站、网络游戏、电子商务、搜索引擎等。

马化腾做 IM（即时通信），用户数量第一；做门户，流量第一；做休闲游戏，将业界老大联众取而代之；进入网游后成长势头凶猛，让盛大、网易开始警惕；开始电子商务，在拍卖和在线支付上一出手，让马云、王志东等前辈紧张万分。在中国互联网行业，做到横跨多个业务线的企业并不少，却没有一家互联网公司能像马化腾这样在多条业务线上同时做到领先。

第十章 创新先锋

"粤商文化"丛书

粤商崛起

1971年10月，马化腾出生于广东汕头潮南区的普通家庭。当时由于父母在海南东方市八所港港务局工作，所以马化腾的童年是在海南度过的。1984年，年仅13岁的马化腾跟随父母从海南移居深圳。这时的深圳刚刚开始经济特区的试验，是一个百业待兴、充满希望和机遇的城市。马化腾到深圳后转入深圳中学就读，并于1989年考入深圳大学就读计算机系。

1993年从深圳大学毕业后，马化腾成为润迅公司的一名软件工程师，专注于寻呼软件的开发。1998年，工作了5年的马化腾毅然决定辞职创业，于是联合好友张志东、许晨晔和陈一丹成立了深圳腾讯计算机系统有限公司。

1999年2月，腾讯公司发现当时世界上用户数量最多的即时通信软件ICQ没有中文版，马化腾灵机一动，自己开发了一个中文版的ICQ，这就是腾讯公司的OICQ。

然而，腾讯运营的第一年却异常艰难。对QQ的大量下载和暴增的用户量让公司难以支撑——因为人数增加就要不断扩充服务器。资金的紧张让腾讯公司不堪重负。1999年11月，腾讯的账户上只剩1万多元，真是到了山穷水尽的时候。此时的马化腾准备放弃，将OICQ卖掉。然而，推销OICQ也是困难重重。一连谈了4家都没有达到预期100万元的底线，最高的一家也只出到60万元。在这种情况下，马化腾决定留下QQ自己养大。

与马化腾在同一时期开发的即时通信聊天工具很多，如最早的Picq、Cicq、OMMO等，但它们都是昙花一现。由于没有像腾讯那样注重用户体验和用户需求，所以在随后的互联网寒冬中，这些聊天工具都销声匿迹了。只有腾讯QQ存活了下来，并日益发展壮大，打造了一个"企鹅帝国"的神话。

到2000年5月，QQ同时在线用户数量达到10万，2001年突破100万大关，2002年，QQ注册用户数突破1亿。

然而，早期的腾讯和许多互联网公司一样，并没有发掘到可持续的盈利模式。早期的互联网创业者往往都是依托海外雄厚资本的支持，先往里砸钱圈地，然后逐步考虑如何赚钱，寻找盈利点。所以，2000年前后的中国互联网公司，不是精打细算去赚钱，而是不计成本地抢地盘。

找到合理、可持续的盈利模式也一直是马化腾和他的创业团队苦苦思索的问题。即便最早拥有几百万的注册用户，但是去找投资人投资，别人也不理解几百万注册用户能带来多大的财富。

但是事物的发展往往超出人的想象力，机会在一瞬间到来。2000年底，中国移动推出的"移动梦网"服务开启了短信时代，也救活了一大批互联网公司，而腾讯就是其中之一。拥有近亿级互联网注册用户的腾讯通过与移动梦网合作，推出移动QQ业务，通过分账协议获利。一时间，腾讯成了移动梦网的骨干，赚钱的速度和当初注册用户一样疯长，仅到2001年7月，腾讯就实现了正现金流，到2001年底，腾讯实现了1 022万元的纯利润。

腾讯2004年的"招股说明书"显示，腾讯的主要盈利被划分成三部分，即移动及电信增值服务（包括移动聊天、语音聊天、短信铃声等）、互联网增值服务（包括会员服务、社区服务、游戏娱乐服务）和网络广告。

移动及电信增值服务一直是腾讯早期主要的盈利点，但是市场往往风云变幻，从2005年开始，受移动计费政策的影响，腾讯的增值服务收入急剧下降。在这样的不利情况下，腾讯的多元化经营模式使得腾讯能够抵御冲击。

腾讯CEO马化腾

其中，互联网增值服务成为公司业绩新的引擎。互联网增值服务可分为网络游戏业务和非游戏业务。马化腾非常看好网络游戏业务，即便在2008年金融危机席卷全球，马云、王石等行业领袖都在大谈"瘦身过冬"时，腾讯仍然加大投入，逆势扩张。

早在2000年，腾讯就开始使用广告的形式创收，当时只是在QQ聊天软件上弹出一个小Banner。直到2003

第十章 创新先锋

年底,腾讯才成立自己的门户网站,参与分割巨大的在线广告市场。2008年,在谈及腾讯的三大盈利方式时,马化腾指出,长期来看,网络广告肯定排在第一,而且网络广告是一个比较稳健的商业模式。而今,腾讯网的流量早已超过新浪和搜狐,高居中国门户网站第一。

回顾腾讯发展历程可以看到,QQ深刻改变了中国人的生活习惯与交友习惯。一定程度上正是QQ的存在,刺激了国人对网络的需求,才使互联网在中国迅速推广开来。而今,微信的风靡更是让马化腾所领导的腾讯再一次走在创新时代的前列。

2009年3月,马化腾入选美国权威财经杂志《巴伦周刊》评选出的2008年度"全球最受尊敬的30名CEO"之一。在这个30人的名单里,还有股神巴菲特、苹果公司创始人乔布斯以及亚马逊公司、思科公司、IBM公司的CEO。显然,新一代粤商马化腾已经站在世界互联网的巅峰。

(二)李松与珍爱网

红娘本是元代王实甫写的《西厢记》中的一个丫鬟,聪明伶俐的丫鬟红娘一直暗中撮合张生和崔莺莺,最终成就了一段千古传唱的金玉良缘。自此,"红娘"一词在民间广为流传,从事婚姻介绍工作,为青年男女牵线搭桥者都称为"红娘"。只是千百年前的人们无法想象,现代社会的两性交往竟会发生如此翻天覆地的变化。从古时的羞怯、隐晦、鹊桥难渡,蜕变成如今的直白、开放、良缘易合;从古时的近在咫尺手难牵,演变成如今的远在天涯心相映。

近年来,移动互联网步入高速发展时期,微信、陌陌等移动社交工具的出现改变了传统的交友方式。而珍爱网、百合网、世纪佳缘网等婚恋网站的出现,更是颠覆了传统的婚介所模式,将网络婚恋市场推向顶峰。2014年,中国网络婚恋市场规模达20亿余元,其中,线上业务占据84.2%,为行业主要营收来源。这场婚恋市场巨大的革新,正是互联网经济发展的必然结果。

李松,目前中国最有影响力的相亲网站珍爱网(现有会员7 000万人,婚恋网站综合品类排名第一)的创始人。然而在投身于互联网创业之前,李松本是国外顶尖金融机构的"投行男",从事金融衍生品业务多年,先后任职贝尔斯登、摩根大通和摩根士丹利。谁也未曾预料,这个"投行男"竟能成功转型为网络婚恋行业的"红娘哥",将传统婚恋行业与互联网技术完美融合,不断缔造着天下姻缘。

2001年,中国的互联网行业风起云涌。在多数人茫然四顾却不得其门而入时,怀揣创业激情的李松用投行人的眼光发掘出网络交友的商业价值,与四名合伙人创立了一家名为"讯龙科技"的移动增值服务公司。该公司的核心产品是一个叫"移动非常男女"的短信交友平台。然而,当李松满怀信心决心在科技公司施展拳脚之时,却迎面遇上了史无前例的互联网泡沫破裂。网络泡沫破灭之后,中国互联网产业经历了一场"挤水分"式调整的严酷洗礼。风险基金对互联网公司避之唯恐不及。在这种形势下,能够从电信运营商获得稳定收入分成的移动增值业务成为李松的首选。

或许是因为李松的创业开始于互联网的冬天,自此以后,选择商业模式清晰的市场,成为李松创业的惯例。讯龙科技在2003年1月做到220万付费用户,月收入1 200万元,跻身当时中国三家收入最高的移动增值服务公司,同月,讯龙科技被新浪收购,改称为新浪无线。

公司被收购后,李松回到香港,赋闲家中。就在他茫然看不到未来的时候,一个越洋电话再次把他拉入他最喜爱的互联网事业中。这个电话是纽约的职业投资人乔治打过来的,乔治正在投资亚洲的互联网公司,打电话找李松是想了解中国的互联网发展状况。两个人聊得很开心,聊了一小时,非常默契。几个月后,借着一次出差的机会,李松飞到洛杉矶,在一家咖啡馆和乔治见面了。经深入交流后,乔治决定给李松的项目投资500万美元。

拿着500万美元的创业基金,李松在深圳创立了美思科技。这一次创业,李松驾轻就熟,先后涉足移动音乐下载和手机游戏业务,很快就获利颇丰。接着,李松开始考虑重回在线交友市场。

伴随着20世纪末互联网技术的兴起,全球各国的婚恋网站也得到迅速发展,并且逐渐成为婚介新趋势。1995年,match.com在美国建立,标志着全球第一个婚恋网站诞生。尽管中国的互联网发展落后于美国等西方国家,但是中国的婚恋网站得到了迅速发展,国内不少网站模仿国外match.com的运作模式,截至2006年,我国的婚恋网站接近1000家,其中,16家网站获得近1亿元的风险投资基金。从2005年开始,在投资人的支持下,李松对在线婚恋交友行业进行了一系列整合,2006年,珍爱网正式成立。

找对象、相亲,自古就是刚性需求,在当下,解决男女交往的方式,要不就是靠亲友介绍、同事介绍,要不就是去找中国传统的婚介所,但是现有的婚介所规模都很小,互相很分散,没有全国统一的品牌。李松发现市场需求,及时抓住机遇,看到了其中的商机。在

第十章 创新先锋

2010年中国互联网大会上,李松中年男扮少女仆,以猫扑风格讲牛郎织女的故事,一招雷人,从此珍爱网口口相传。

在中国,提供相亲服务的网站基本都是免费的,很少有网站进行收费的相亲服务,有两个原因:一是会员数很少;二是当时网上支付方式非常落后,付钱非常不方便。而李松一开始就实行付费模式,根本没人付钱。创新性的电话红娘模式的形成也经历了一番坎坷。

为什么每个城市都有婚介所?他们为什么能赚到钱?李松去调查婚介所发现,所有婚介所都提供一个红娘服务来撮合双方,李松当时就想,公司能不能用互联网积累用户,用一个效率比较高的方式来提供,后来就想到试试呼叫中心提供红娘服务。尝试了一下,公司第一个月收到了20多万元。

在对市场和客户需求有清晰的认识后,珍爱网开始针对不同的用户群提供不同的服务:自助模式;针对那些需要红娘来增值匹配的,价格比较低,然后通过电话红娘服务;线下的相亲店,不单需要红娘提供服务,而且需要面对面的服务。李松希望通过这三种模式来满足不同客户的需求。商业模式的探索成功,让李松不断尝到甜头,珍爱网连续两年在工信部独立调查中,在婚恋交友类方面知名度排第一。

在广东,像李松这样怀抱理想、富有激情的创业家还有很多,他们怀揣梦想,充满激情,不断地在这片热土上耕耘。或许李松仅仅是粤商群体中的一颗新星,而正是由于众多富有新时代、新理念的粤商不懈努力、孜孜以求、潜心经营,广东才永远充满活力、激情永驻。前赴后继的粤商,无疑是一笔宝贵的社会财富。

三、百年粤企利丰创新之路

冯柏燎,生于1880年,广东鹤山人。由于父亲替当地富有地主收纳田租及管理产业,幼年时的冯柏燎过着比一般乡民较为富裕的生活。19世纪末,冯柏燎被送到香港历史悠久的西式学校——皇仁书院学习。入读皇仁书院无疑成为冯柏燎一生乃至冯氏家族事业发展的重要转折点。26岁那年,冯柏燎学成返穗,满怀着商业救国的一腔热忱,希望用自己学到的知识,使国家走上富强之路。1906年11月28日,冯柏燎与商业伙伴李道明合资,创办利丰公司,店铺就设在广州沙面隔河对岸,即今日的六二三路188号。其中,冯柏燎占51%,李道明占49%。公司的名称,则由李道明的"李"和冯柏燎的"冯"两字的谐音

"利"与"丰"组成,寓意"利润丰盛"。冯柏燎与李道明创办利丰,是试图以纯华资的做法,直接主理中国货品的采购及外销。这成为中国第一家由本地华商直接从事对外贸易的华资出口公司。

利丰早期的出口业务,主要是他们熟悉的瓷器生意,兼营古董及工艺品。陶瓷器一直是中国出口海外的重要产品之一,以做工精细、色泽光洁、质地上乘而名扬海外。唐代以来,岭南地区已是南方重要的陶瓷生产基地。利丰站稳脚跟后,逐步将外销的业务扩展到竹器、藤器、烟花、爆竹以及玉石和象牙等手工艺品,生意很快走上轨道。1910年,利丰已发展成为广州稍具规模而信用良好的出口贸易商行。1915年,冯柏燎受中国政府邀请参加在美国举行的"巴拿马—太平洋国际博览会",返途中结识了美国纽约伊拿士有限公司的聂沙,并成为好友。伊拿士公司是著名的东方进口商之一,是美国多家高级连锁店、百货公司及邮递购物服务公司的采购代理商。两人的关系使得伊拿士公司成为当时利丰最大的买家之一,也成为利丰公司发展的一个重要转折点。

20世纪20年代末期至30年代初,冯柏燎的三名子女——二子冯慕英、四女冯丽华和三子冯汉柱等,先后进入利丰,逐渐成为利丰管理层的第二代领军人物。到20世纪30年代中期,利丰在广州的事业达到鼎盛时期。当时,利丰总部设在广州,分布在各地的分支机构多达22个,从全国各地收购各类产品出口海外。1938年9月,日军空袭粤汉铁路及九广铁路,九广铁路南岗站被炸,广州至香港的火车停开。面对时局的急剧转变,冯柏燎决定将利丰迁移到较安全的香港,而总公司则继续留在广州,直至战争结束。

在香港初期,利丰仍主要从事进出口业务,在香港收购竹器、藤器及酸枝家具,与怡和洋行、天祥洋行等外资公司做生意。这一时期,冯柏燎的三子冯汉柱的商业才能得到充分发挥,他筹谋有方,经营得法,香港利丰很快走上业务轨道。1945年8月15日,日本宣布无条件投降。1946年,香港政局渐趋稳定,私营机构开始复业。冯汉柱继续在港岛中环租用写字楼,作为利丰总行的办事处,而广州总行则改为利丰分行,由在广州的冯慕英、冯丽华负责。利丰的业务逐渐恢复,除了经营出口,也做进口生意。当时,利丰最重要的业务是进口一种香港从来没有过的新产品——原子笔(Ball Pen)。原子笔是美国公司在第二次世界大战末期发明的一种新笔,后来被证明是一项极有新意并迅速获得成功的产品。太平洋战争一结束,利丰就将这一产品空运来港销售,成为全香港出售原子笔的第一家商号。利丰将这一新产品命名为"原子笔",使人们联想到结束"二战"的原子弹,取"原子"为笔名代表先

第十章 创新先锋

"粤商文化"丛书
粤商崛起

冯国经和冯国纶兄弟

进科技的意思,一时间在市场上大受欢迎,为利丰带来了可观的利润。

1946年10月1日,利丰的另一大股东李道明,在冯柏燎逝世后不愿再与利丰继续保持关系,而将所持的300股股份出售给冯氏家庭成员,从此宣告了冯、李两家长达40年的深厚商业合作关系结束。"二战"后,香港迅速恢复远东转口贸易港的地位。面对香港经济的转型,利丰调整经营方针,将业务重点从转口贸易转向本地出口,积极参与工业化进程。利丰通过竹具藤器、爆竹烟花、塑料花和纺织品这一奇特的经营组合,获得了稳定的出口增长和充裕的周转资金,并与世界上最富潜力的市场——美国保持着悠久而密切的经济联系。这一时期,利丰的海外客户多达数百家,采购网络遍及香港超过1 000家制造工厂,它的业务获得长足的发展。

20世纪70年代,冯汉柱的两个儿子冯国经和冯国纶自海外学成归来,并加入利丰成为第三代管理层。冯国经和冯国纶兄弟认为,利丰如果要从一家传统的家族公司发展成为现代化企业,迎接未来的挑战,最重要及唯一的途径就是上市,通过上市将所有权与经营权相分离,实行专业化管理。他们的上市建议得到利丰董事局主席冯慕英和董事总经理冯汉柱的支持。1973年4月17日,利丰挂牌上市,获得113倍的超额认购。20世纪80年代后期，利丰发展成为一家经营多元化的企业集团，其所经营的业务，从进出口贸易扩展到制造业、地产、仓储、航运、财务、保险及投资等多个行业，被誉为"小怡和"。20世纪80年代的香港处于历史的重要关口，中英就香港问题的谈判进入关键时刻，社会各阶层难免会随着时局的变动而有不同的心态和考虑，利丰大股东冯氏家族亦不例外。当时，家族中年老的股东冯汉柱已年逾七十，接班问题迫在眉睫；部分股东不看好香港政局，希望抛售股权，移民海外；另一部分股东对企业经营不感兴趣，另有职业发展。此时，冯国经和冯国纶兄弟提出私有化方案，收购其他家族成员手中所持股权。私有化方案虽然历经波折，但最终获得通过，这也是香港首宗由公司管理层发动的收购计划。俗语有云："兄弟齐心，其利断金。"深谙西方管理理论，并拥有敏锐商业触觉的冯国经和冯国纶在利丰随后的发展中起到了领航者的作用，将利丰从传统的中间商转换为地区性采购公司、"分散生产管理者"，成为当前的全球供应链经理人。

利丰的全球供应链管理，被誉为业界标杆，并四度成为哈佛商学院MBA的经典案例。《哈佛商业评论》称，利丰的供应链管理为"香港风格的供应链管理"，具有"快捷、全球化和创业精神"。利丰贸易有限公司总裁乐裕民表示，在这个世界上，各采购国之间将没有边界，而利丰拥有在一个"平的世界"中管理供应链的独特模式。在美国任何一家商城里，都会有30%～40%的商家是利丰的客户。消费者们基本不会注意到利丰，但在各类服装以及家庭用品背后，却是利丰在提供服务。供应链的演变与发展造就了现在的利丰模式。正是依靠这种有效的"供应链管理"，利丰能够比竞争对手更快、更准确、更灵活，同时更低成本地为客户提供产品，并将来自供应链上的收益最大化。

根据学者冯邦彦在《百年利丰》一书中的归纳，利丰的供应链管理模式至少具有以下一些基本特点：

第一，积极拓展全球性的采购经销网络，对产品供应链进行优化管理，并实现供应链各节点上的企业的紧密合作，以争取"零售价格里的软三元"。在竞争日趋激烈的国际市场环境下，利丰管理层极为重视"零售价格里的软三元"，即一件商品在美国的零售价是4美元，其产生成本仅为1美元，要再减已经非常困难，但另外3美元则是供应链各个环节的价值，包括产品设计、原材料采购、物流运输、批发零售、信息和管理等。因此，利丰积极拓展全球性的采购经销网络，通过不断改善供应链管理赚取这"软三元"。

利丰通过其庞大的全球采购网络，与各种不同类型的生产商保持长期的密切合作，建立

第十章　创新先锋

互信关系，利丰能为其网络中的生产商带来一定数量、价格合理的订单，生产商也愿意在预订产能、快速生产和各种生产细节上与利丰配合，并提供最高的生产弹性，以便利丰能为客户度身订做最优化的供应链。利丰供应链管理的思想，就是强调各企业核心能力要素的优化组合。由于企业的资源有限，企业要在各种行业和领域都获得竞争优势十分困难，因此，它必须集中资源在某个专长的领域，即核心业务上，这样才能在供应链上取得一个位置。企业具有在核心业务上出色的竞争能力是伙伴们愿意合作的前提。供应链管理强调的是企业根据自己的核心业务能力，在供应链上扮演一个专门的、不可替代的角色，只有这样，其他企业才无法轻易取而代之。同时，企业应将非核心业务，以外包的模式交给其他更专业的企业，使整条供应链发挥更大的效果。如果企业缺乏或者不理解自己的核心业务，或把资源分散到没有优势的业务上，将难以在供应链上明确定位，亦会缺乏资源来不断强化其相关的核心竞争力，其在供应链上的位置便容易被其他企业取代。企业的核心业务由多项核心竞争力支持，这些核心竞争力需要企业不断维护和强化，以保持与竞争对手的距离。跨国界生产体现了各个企业依其核心竞争力进行分工的情况：将供应链分拆，让每个企业集中于其专长的某一个或几个环节或生产工序，通过有效率的运输，使生产活动得以在世界各个角落进行配置，联结为一条有竞争力的供应链。

　　第二，建立从采购、经销到零售的一条完整供应链的组织管理架构，重视并不断强化各企业的核心业务和核心竞争力。20世纪80年代中期，利丰的供应链管理从采购贸易扩大到零售环节。20世纪90年代收购英之杰在亚太区的市场推广及相关业务后，进一步扩大到经销领域，从而形成从采购、经销到零售的整条供应链管理。在整条供应链管理中，利丰集团的三个重要组成部分——利丰有限公司、利和经销集团以及包括利亚零售在内的利丰零售，分别处于产品供应链的上游、中游和下游，并以其具有竞争优势的核心业务为客户提供服务，而把非核心业务外包。

　　第三，建立以客户为中心、以市场需求为原动力的拉动式（牵引式）供应链运作模式，为客户提供"一站式"的增值服务。利丰的供应链管理属于拉动式的供应链运作模式，以客户为中心，以市场需求为原动力。利丰的客户主要是欧美市场的零售商，这些客户非常了解欧美消费市场的需求，知道如何销售产品和服务顾客，但他们也知道自行管理生产事宜并不合算，于是委托利丰代理，要求利丰帮助他们选择生产商和供货商，设计整个生产计划及流程，代为监督质量和生产时间，处理各种各样的琐碎事项，直至产品装运出口。利丰的供应链管理强调了真正的客户导向，它将客户分为大客户和中小客户，大客户由一个部门专门负责，提供一对一的贴身服务；小客户也由专门的人员全程服务，满足客户的多样化、个性化需求。利丰根据顾客的需求，从采购服务逐步发展起一系列增值服务，并扮演简单代理商、增值代理商、贸易代理商、虚拟生产商等多种角色。

第四，利用流程管理和信息系统去优化供应链的运作。利丰的供应链管理，极为重视流程管理的设计、执行、检讨和不断改善。以利丰零售旗下的OK便利店为例，1998年，面对香港零售市场竞争日趋激烈的严峻环境，该集团重整供应链管理模式——以顾客需求为出发点，根据目标顾客需求重新设计店铺形象，确定销售商品组合，并为顾客提供优质服务。在物流配送系统管理方面，公司投资2 000万港元建立综合供应链网络，形成快捷、低成本的供货商直接配送系统和仓库配送系统。在信息流程管理方面，OK便利店先后建立综合信息、电子数据交换、仓库管理系统和电子销售点管理系统，为公司提供准确、及时的信息，以改善销售计划。通过改善流程管理和信息系统去优化供应链的运作，OK便利店的营运开支占销售百分比，从1998年的26%下降到2000年的21%，最终实现扭亏为盈。

利丰四大供应链管理模式无疑支撑了利丰长远的可持续发展，塑造了其在全球独树一帜的竞争优势。全球金融危机以来，利丰加快对公司内部改革，对原有业务架构进行重组。2011年5月，利丰董事局宣布高管层的新安排。利丰主席冯国经明确表示："这次变动，是为了利丰日后可以顺利过渡到新一代管理层而做出的安排。"可以看出，从"再创百年佳绩"的长远战略目标出发，利丰管理层已开始部署代际交接，包括重整管理层和加强代际人才的储备。

百年粤商企业利丰，历经一次次政治或经济危机却始终屹立不倒，并在新一代粤商企业家的引领下开创了独具竞争力的全球供应链管理模式。利丰的百年创新之路也为众多的粤商企业提供了宝贵的借鉴经验，成为粤商转型升级的典范。

粤商似乎总能听到时代的先声，先试先行，引领着中国改革的方向，记录着一个又一个跨时代的脚印，继承和发扬着敢为人先的精神，在南粤这片土地上成为时代的创新先锋。

第十一章
大爱无疆

一、西医院与善堂

1805年，英国医生斯皮尔逊在澳门试种牛痘成功。牛痘，又名天花，过去死亡率极高。种痘成为最早引起中国人兴趣的西医。行商郑崇谦第一时间将此方法翻译成著名的《种痘奇书》，广泛宣传。广州十三行行商巨富伍秉鉴、潘有度、卢关应又资助斯皮尔逊到广州行医。仅在清嘉庆十五年至道光二十年间（1810—1840），广东接种牛痘者达30万人次之多。牛痘技术之所以能在中国得到广泛的推广，"洋行好善诸公"功不可没。

中国自古以来"重本抑末"，"百工""商贾"都属九流之末。然而，近代以来，国家内忧外患，财政日渐短绌，商人成为承担社会公益事业的重要力量，粤商更是促进了国内西医的发展。

1835年，广州十三行行商伍秉鉴出资帮助美国医师伯驾开设的眼科医局，这是中国最早的眼科专科医院，也是中国第一家西医院。

1835年，伍秉鉴又为伯驾提供一所楼房作为医局的分局，后更名为博济医院。1866年，博济医院在内部设立博济医学堂，后更名为南华医学堂，为我国最早设立的西医学府。1886年，少年时期的孙中山，以"逸仙"之名曾在南华医学堂求学。

几乎与西医院设立的同时，广东各地的善堂如雨后春笋般建立起来。

方便医院被称为"九大善堂之冠"，以收容病重垂危人为主，同时兼做异乡劳动者病亡收殓的处所。广州黄花岗起义后，七十二烈士喋血沙场，尸骨一直无人敢收，是方便医院收殓了烈士的遗骸。与方便医院齐名的还有润身善堂、爱育善堂、崇正善堂、惠行善堂、述善善堂、广济善堂、广仁善堂、明善善堂。

善堂经费多是由商人和社会各界集资而得，一股由商人主导的慈善洪流在广东各地暗涌。

旧中国社会经济破败，弃婴尤其是弃女婴成为近代中国社会的一大痼疾。走在时代前沿的广东商人对此十分关注，集资修建了较具规模的保婴堂、育婴堂，用于收养弃婴，补助贫困户自养婴孩等。

育婴堂作为社会的救助性机构，资金的来源与补给始终是一个大问题。而商人灵活的头脑又一次发挥了重要作用。清道光《两广盐法志》记载，广府和肇庆的育婴堂，"俱有商捐生息银两"。"商捐"主要是由盐商捐助。食盐在传统社会是由国家控制的专卖品，盐商获得专卖权利，多富甲一方。而"生息银两"是将可流动的资金贷给其他商人以获取利息。

广州育婴堂是当时最好的一家官督商办的育婴堂，云志高、叶松云、沈宏甫等商人先后捐巨款，1739年前，每年约有2 522两经费可供支配。采用轮值制管理模式，多数商人亲身参与管理。商人成为承担社会公益的重要力量。

二、粤商的影视文化观

粤商的社会责任感浓烈，亦体现在影视文化行业里。

20世纪30年代，在上海，郑正秋导演的电影《姊妹花》大卖，创票房纪录，主演这部电影的正是"电影皇后"胡蝶。

"电影皇后"胡蝶

名剧《白金龙》海报

电影从上海传入中国,早期该行业基本由外国人所垄断。这一现状的打破亦与广东商人积极开拓的精神分不开。

郑正秋,作为中国第一代电影艺术家,是潮州商人的后代,他的祖父是上海赫赫有名的郑洽记创办人。1913年,他与张石川共同成立新民公司,并执导了我国第一部无声故事短片《难夫难妻》。该影片取材于潮州地区封建买卖婚姻习俗,揭示了封建社会的黑暗,对处于社会底层的妇女表示了深切的同情和关注。

千百年的广府商业文化渗透到公益事业中,创造了许多成功的商业运作模式。1930年,著名粤剧艺人薛觉先演出名剧《白金龙》,在剧中为民族资本企业南洋兄弟烟草公司宣传其公司名下品牌"白金龙"香烟。该剧首演时免费向观众派发"白金龙"香烟,并在演出时在舞台大幕上展示"观白金龙名剧,吸白金龙香烟"的广告词。此剧持续上演一年,并录制唱片、拍摄电影,在海外发行,"白金龙"香烟因此声名大振。

珠江三角洲、潮汕平原,濒临大海,优越的地理优势让粤商走在时代前沿,然而他们依然怀揣着浓浓的乡情,传承着历史之精粹。

自明清以来，如所有地缘性商人一样，粤商喜欢在自己活动的都市集资建立会馆。建会馆的初衷是联乡谊。一般来讲，会馆都设有同业或家乡敬奉的神灵牌位，定期举行迎神赛会，演戏是必不可少的一环。

　　上海是近代粤商活动的主要区域，粤商带来的不只有发达的经济，还有粤剧。民国初年，粤商陈铁生在上海先后组建精武体育会俱乐部、上海中华音乐会和上海粤侨工界协进会俱乐部三个粤乐团体。随后，又成立中西音乐研究社，创作改编了《雨打芭蕉》《步步高》《渔舟唱晚》等传世佳作。

三、崇文重教

　　虽然商人富甲一方，但中国千年的文化框架——官文化一直警醒着他们：万般皆下品，唯有读书高。这是科举制度确立以后，最能影响中国人的一句格言。

　　商人们在商海沉浮中体验到当官的重要性，对孩子的教育十分重视。广州商人白纶生、吴健彰，著名香烟制造商简照南都纷纷捐资教育。活跃在各地的粤商，大力兴办学校，特别是近代的新式教育。

广肇公学校徽

　　民国初年，上海虹口北四川路青云里建立起一座小学。这是广东人旅沪集中地。上海的广肇会馆集合社会各种资源，创办广肇公学。1913年初，初等小学正式开学。1917年，增设女子部，随后，又开设中学部和幼稚园。学生人数历年递增，会馆又购民地200亩，用于建新校舍。新建校舍的款项主要来自粤商的捐款，华侨巨商南洋兄弟烟草公司的简照南曾捐巨款。之后广肇公学一直留有"照南门""照南楼"。到1934年，广肇会馆开办的各类学校在学人数达3 000人。广肇各类学校确定

以故乡的英雄花为校徽。

英雄花又称木棉花，广东特产，其树高数丈，有超然特立之内涵。学校借此培养学生成为社会栋梁。学校的办学理念是身体健全、勤学、守纪、整洁、廉俭、爱国、博爱、勇敢等，与今日提倡的素质教育不谋而合。广肇公学的发展与广肇商帮对办学的重视分不开，不仅资金来源大多由商帮负责，上海粤籍政要也参与其中。学校把上海地区的粤籍政界名流及商界大款都集中在一起，这对提高粤商在上海的社会地位无疑具有积极作用。

各地会馆也积极响应。天津广东会馆在1920年成立旅津广东学校。学校由广东会馆董事长陈祝龄、广东音乐会会长麦次尹等捐款捐地建设。学校招生不分省籍，但对粤籍学生减收一半学费。

胆量、信念、独到的眼光，再加上一点点运气，一段段普通人的传奇在不断上演。而他们在功成名就之时，总忘不了富而思源，回馈社会。田家炳是其中之一。

驱车进入广东梅州大埔，我们在每一个乡都能见到一个田家炳小学。而在大学、中学，我们都能见到田家炳教学楼、图书馆。

可田家炳关注的不仅仅是自己的家乡。一直以来，田家炳在内地、香港捐资，积极推动和发展教育、卫生、医疗、交通、文娱、康乐等社会公益事业，践行"取诸社会、用于社会"的理念。

田家炳宅心仁厚，有口皆碑。他的名言是："留财于子孙，不如积德于后代。"

1982年，田家炳在香港成立田家炳基金会，该基金会的宗旨是"安老扶幼，兴学育才，推广文教，造福人群，回馈社会，贡献国家"，大力宣扬中华民族的传统文化，推广道德教育，以建立一个充满爱心、理想和谐的社会。基金会专事捐办慈善公益事业，资金来源全由田家炳个人及其家族公司所捐献，从不向外筹募。

粤商重教育，重文化，代代相传，他们骨子里渗透着祖祖辈辈流传着的积极进取、急公好义、乐善好施的精神品格，并将继续流传下去。

四、粤商社会责任的传承

粤商勤奋、创新和有勇气，在他们的信念里更有一个声音一直在回响，那就是感恩。

2011年，中国慈善榜前十名中就有三名是粤商。时过境迁，德育已渗透到每个大学。拳拳学子心，悠悠母校情。由本土大学培育成才的粤商，事业成功之后，纷纷回馈母校，回馈社会。

曾宪梓从中山大学生物系毕业，深知教育和体育事业对一个国家和民族发展的重要性，曾宪梓多次捐资给母校，奖励中国足球队，支持北京举办奥运会并奖励中国奥运健儿。2008年，他捐资1亿港元成立"曾宪梓体育基金"，奖励在奥运会获得金牌的中国运动员。其名下设有教育基金和载人航天基金，其捐款金额超过7亿港元，为海外侨胞、港澳同胞支持祖国、家乡建设起到很好的示范作用。

曾宪梓从未忘记过母校的培育，十多年来先后向母校中山大学捐资3 000万余元，捐建了6幢大楼，包括行政大楼、科研教学大楼及教师住宅等，还设立了曾宪梓奖学金。

李东生，华南工学院（华南理工大学前身）无线电系毕业。"达则兼济天下，穷则独善其身"是李东生的人生座右铭。2010年9月，李东生代表"华萌基金"捐资3 000万元用于支持华南理工大学教学与科研计划，是华南理工大学迄今收到金额最大的个人捐款。此举为该校注入发展动力，也为企业家支持教育事业添上浓墨重彩的一笔。

华萌基金于2007年12月成立，是由TCL集团董事长李东生和夫人魏雪共同捐资、与中国青少年发展基金会共同设立的教育专项基金，是"希望工程"成立以来首个企业家个人公益基金。

华萌基金旨在支持农村贫困地区的基础教育，主要面向以广东地区为核心的两类人群：一是贫困地区的高中学生，帮助他们顺利地完成学业，走入大学的殿堂；二是贫困地区的教师，向工作成绩突出但生活困难的教师提供资助，使他们能够安心投入教育事业。

校园里的青葱岁月成为很多学子的人生起点，他们珍视着，铭记着，拼搏着。

叶惠全，毕业于暨南大学国际经济系，叶惠全领导的中惠集团，始终与社会紧密结合，赢得社会各界的好评。该企业的宗旨是"富而思源、回馈社会"。叶惠全先生大力支持文化、教育、体育、医疗等公益事业，积极投身各类社会公益活动，累计捐赠超过8 000万元。2007年，叶惠全向母校暨南大学捐资1 500万元用于管理学院的建设；同时，捐资100万元成立"中惠创意基金"，支持母校学生开拓思维的创新活动。2009年，叶惠全再次捐赠1 000万元用于暨南大学经济学院的修缮工作。

第十一章　大爱无疆

"粤商文化"丛书
粤商崛起

2010年，中国校友会网发布我国首个反映大学校友捐赠状况的排行榜——"2010中国大学富豪校友捐赠榜"。叶惠全以2 625万元的捐款位居捐赠榜第八位。这体现了青年企业家的高尚情操，受到了社会各界的肯定和赞誉。

黄华，毕业于广东外语外贸大学，是南方国际集团、地中海国际酒店集团董事长。目前，集团以房地产开发、旅游景点、餐饮、酒店业为主体，在内地投资总额超过50亿元，属下员工5 000多人。

黄华回顾在校经历时，深有感触：贫穷创造奇迹，知识改变命运。体验过创业初期艰难到事业辉煌的黄华不忘支持国家建设和关心社会公益事业，在广州、深圳、梅州、韶关等地捐资公益事业达1亿元。1991年起，兼任多种社会职务，历任香港嘉应商会副会长、中华全国青联委员、广东省政协委员、广东省海外联谊会副会长、梅州市政协副主席、广州市工商联副主席、深圳市工商联副主席，被广州、梅州、韶关、从化市政府分别授予"荣誉市民"称号。

黄华长期关注母校的建设和发展，多次为母校慷慨解囊，累计捐赠款物达1 700万元。20世纪90年代，在大朗校区花费800万元兴建黄华楼，并设立黄华奖教金近400万元。

饮水思源，知恩图报。学子们用自己的实际行动传承着美好的品格。"海南校友奖助学金""揭阳校友助学金""香港校友助学金"，一个个助学金以地方校友会的名义出现在华南地区各大院校。校友的无私奉献，源于他们对母校的感恩，同时也承载了他们的美好愿望：一代一代学子将这份感恩之情流传下去。

一代代粤商在历史长河里留下了不灭的敢为人先、积极创造、富而思源的精神。随着时代的变迁，在经济全球化的今天，这些精神将继续留存于粤人的血液之中，传承下去。

第十二章
走向海洋

一、粤商海外印记

2013年10月，国家主席习近平在印度尼西亚国会上阐述了与东盟国家携手建设中国—东盟命运共同体的战略构想，并明确提出，中国愿同东盟国家加强海上合作，发展好海洋合作伙伴关系，共同建设21世纪海上丝绸之路。广东湛江徐闻县正是海上丝绸之路始发港，以广州十三行为代表的粤商从这里走向世界。

2010年亚运会开幕式上的《海洋之舟》节目展现了中国商船从海洋走向世界的壮举和广东人积极进取、勇于开拓的精神。

2010年亚运会《海洋之舟》节目

大西洋强劲的海风阻挡不了中国庞大的船队沿着古代海上丝绸之路进入异国他乡的港湾。正是这片开化的沃土,锻造了粤商的"风云史"。

1757年,乾隆的"一口通商"国策使得广州在贸易垄断方面拥有得天独厚的优势,进而成就了广州十三行的巨商。当时,大量西方人来到广州,在这个广州商业资本的黄金时代,粤商置身于国际市场,甚至已经直接投资于欧美各地,成为国际性商人。他们的商业网络与国际贸易网络相交织,穿越传统的南海水域延伸至欧美各地。伍秉鉴的怡和行就是一个跨国大财团,不仅在国内拥有店铺、地产、房产、茶山以及巨款,还直接投资美国证券、铁路和保险等。

时过境迁,广州十三行的繁荣早已不在,粤商却以前所未有的姿态和一如既往的力量,穿越民族、国家的疆域边界,在世界开枝散叶。

清末民初,动荡的局势迫使粤商往外迁移,以开辟新的天地。这一时期,大量广府人举家迁往港澳以及东南亚,甚至欧美地区。

1944年,陈有庆的父亲陈弼臣在泰国创办盘古银行,陈有庆是第三代掌门人。陈氏家族以其独特的继承人培养模式颠覆了"富不过三代"的老话。

陈有庆

盘古银行成立的70年间,分行遍布泰国的各个角落。时至今日,它的海外分行覆盖13个经济体,拥有15个海外分行、1个代表办公室和2个全资子公司,分别为泰国盘古银行有限公司、泰国盘古银行(中国)有限公司。

粤人奔向海洋参与国际接轨的步伐从未停止过。20世纪80年代,泰国出现了新一代移民潮,来自广东地区的

"粤商文化"丛书
粤商崛起

年轻一代,更具学识和专业眼光,继承了先辈吃苦耐劳的精神,开始了新粤商在泰国的新一轮创业。泰国中华总商会会董、泰国广肇商会会长、中国侨联青年委员会委员邝锦荣是新粤商的代表之一。

邝锦荣,籍贯广东新会,原是儿科专家。1993年,在改革开放的浪潮下,他决心出国闯荡,在一个新的领域挑战自我。

初到泰国,邝锦荣仍从事针灸工作。一年后,在朋友的建议下,他与人合伙,共同经营海产品出口生意。从未接触过生意的邝锦荣到市场偷师自学,一切从头学起。经过不懈的努力,邝锦荣的公司在十几年后一跃成为泰国最具规模的高档海鲜产品企业,与北京、香港、上海、广州、深圳等地建立稳定的出口销售网络,甚至掌握昆明的海产市场,每天包机运送海鲜。

邝锦荣,作为泰国新粤商的成功代表,提议成立广肇商会,为拥有133年历史的广肇会馆注入活力。在老一辈的指导下,新粤商在商会运作中,强调创新思维和长远目光,将眼光投向全中国和海外市场,在新的历史阶段再次取得成功。

粤人的足迹遍布世界每一个角落。而今,全球近5 000万海外华侨华人中,有3 000

旧金山唐人街

万是粤籍华侨华人，他们不仅在东南亚，更遍及全球各个角落。

旧金山中国城，又称唐人街，其创建和粤商有着深厚的渊源。1872年，志刚在《初使泰西记》中写道："金山为各国贸易总汇之区，中国广东人来此贸易者，不下数万。行店房宇，悉租自洋人。因而外国人呼之为'唐人街'。建立会馆六处。""唐人街"是粤人华侨自创的名称。今人李欧梵有一篇有关唐人街的随笔，题目就叫《美国的"中国城"》，说："也许我们应该把唐人街的英文原名直译过来，干脆称它为'中国城'（Chinatown）。"

二、粤商国际化

如果说资本是商业的血液，资本流到哪里，商业就发展到哪里，1991年，英国物理学家伯纳斯·李发明了万维网，这个信息高速公路网络颠覆了世界格局，世界变得更小了，也改变了粤人走向世界的途径。

企业国际化除了市场国际化，还包括人才、资本、品牌、技术国际化。改革开放以来，"中国制造"风靡全球，已经实现了市场国际化。众多创新企业，如腾讯、新浪、明阳风电、迈瑞生物科技，都在创立之初就吸纳各国的风险投资，并在美国纽约或香港上市，已经实现了资本国际化。

低调谨慎的粤商在面对全球化时代的浪潮时，小心翼翼地开启企业未来的旅程。

"中国企业走向国际市场就好比登山，中国企业的起点很低，这就决定了我们不能采用'大跃进'的形式，而必须不断地修炼内功，持之以恒，最终必将能够攀上峰顶。"金蝶董事长徐少春在谈到国际化道路时如是说。

1996年，金蝶凭借Windows版财务软件，成功地实现了从深圳迈向全国的目标。之后，很多风险投资商都来与金蝶谈合作，其中，国际知名风险投资基金IDG向金蝶投入2 000万元。2001年，金蝶在香港成功上市，实现资本国际化。此后，金蝶先后在美国硅谷、纽约设立常驻业务代表处，开始实施业务国际化。同年，金蝶与IBM开启先"试婚"再"联姻"的合作模式。金蝶的EAS和K3应用软件产品与IBM的DB2数据库和eServer服务器等基础设施平台实现了无缝融合。

另一个粤商国际化的案例是惠州的侨兴集团。侨兴集团创建于1992年4月，主要从事

第十二章　走向海洋

通信终端产品的研究、开发、生产与销售，是国内大型的电话机、手机等通信终端产品制造企业。20年间，侨兴从惠州走向全国，从广东走向世界。

三、粤商再起航

随着珠三角经济的强势崛起，新粤商已将自己置身于全球化的时代背景中，在国际舞台上同台献技。传承着创新基因的粤商向来是中国企业走向国际舞台的先锋，一批批粤商企业家在世界各地的经济中扮演着积极的角色。从承接全球产业转移，擦亮"中国制造"的金字招牌，到立足"全球制造"，跨出国门占领世界市场，新粤商总是抢占先机。"走出去"的粤商，普遍采取"贸易先行，制造跟进"的战略，在商品贸易达到一定规模、积累了国际市场运作经验之后，才在境外投资建厂。"一带一路"倡议更是为粤商企业加大国际化步伐提供了更好的契机。

因为广东的地理区域优势以及"先行一步"的体制优势，"国际化"成为粤商企业很早就开始实施的发展模式。粤商企业早期国际化的目的主要有以下三个：一是引进国外资金、尖端的技术和先进的管理理念（例如购买国外专有技术、专利等），提升企业自身的竞争实力，这是粤商企业"国际化"的初心。二是承接国外产业转移，占据国际市场。广东很多民营企业都是外向型的出口企业，定位于"世界工厂"的角色。它们从早期的简单加工逐步升级为深加工，甚至进行设计和生产外包。三是为了享受优惠政策以及出于企业产权保护的需求，成为中外合资企业、中外合作企业，甚至成为外商独资企业或者"国外公司"的国内分支机构。通过这些方式，粤商企业的国际合作逐步深入，并在国际竞争中占有一席之地。

早期的国际化不仅带给企业可观的经济收益，让企业逐步发展壮大起来，同时也积累了走向国外，甚至全球市场的宝贵经验。但是，这仅仅是粤商企业国际化的第一步。从当前粤商企业的国际化实践来看，国际化并不仅仅是单纯意义上的"跨出国门，走向世界"，真正的企业国际化更应该是由国内经营走向跨国经营，不仅包括企业市场范围扩大，还包括企业跨国经营方式的演化等多种方式。当前，广东有部分大型民营企业，如美的、格兰仕已经具备这样的能力。未来，粤商企业更应该参与全球价值链分工，成为"世界公民"。这些跨国性的经营活动，不仅包括国外代工、"三来一补"、直接投资、合资合作等模式，还应该包括企业的全球战略定位，世界性的品牌定位，全球生产制造基地的建设，全球销售渠道和系统的建立，管理团队、员工的全球化以及全球化的经营理念，等等。

华为等一批领头企业在国际市场上举足轻重，它们继承通达、务实等传统理念，并具备创新精神和长远目光，在粤商中起到极大的示范效应。

粤商的发展，跟随着世界变化的脚步，成功与失败值得总结与反思。

在滚滚历史洪流中，粤商冲锋在前，几度沉浮，终将凤凰涅槃，飞向更广阔的海洋。

第十二章　走向海洋

参考文献

[1] 奥文. 推动中国玩具业发展风云人物：中国品牌玩具的青年领跑者——蔡东青携奥迪玩具创品牌之路 [J]. 玩具世界，2006（11）：17-22.

[2] 储小平，黄嘉欣，汪林，等. 变革演义三十年：广东民营家族企业组织变革历程 [M]. 北京：社会科学文献出版社，2012.

[3] 程宇宏，黄鹏燕. 粤商文化研究述评 [J]. 广东商学院学报，2008（3）：72-76.

[4] 陈建光. 奥飞动漫：用创意链条加冕玩具 [J]. 商界（评论），2010（5）：64-68.

[5] 陈少斌. 陈凯旋：合纵连横创新大日化 [N]. 民营经济报，2010-07-07.

[6] 冯邦彦. 百年利丰：跨国集团亚洲再出发 [M]. 2版. 北京：中国人民大学出版社，2011.

[7] 梁嘉彬. 广东十三行考 [M]. 广州：广东人民出版社，1999.

[8] 梁廷枏. 粤海关志：校注本 [M]. 广州：广东人民出版社，2002.

[9] 黄启臣，庞新平. 明清广东商人 [M]. 广州：广东经济出版社，2001.

[10] 刘正刚. 话说粤商：图文商谚本 [M]. 北京：中华工商联合出版社，2008.

[11] 刘正刚. 广东会馆论稿 [M]. 上海：上海古籍出版社，2006.

[12] 李新春，檀宏斌，郑丹辉，等. 粤商创业：家族的力量 [M]. 北京：社会科学文献出版社，2013.

[13] 魏安雄. 灵活变通：广东人的商业精神 [M]. 广州：广东人民出版社，2005.

[14] 刘志坚. 粤商的发展与当代岭南商业文化 [J]. 云南财贸学院学报（社会科学版），2007（1）：8-10.

[15] 广东省政协、汕头市政协文史资料委员会. 广东文史资料：第七十六辑 潮商俊彦 [M]. 广州：广东人民出版社，1994.

[16] 黄杉，管琼. 四海潮人 [M]. 广州：广东经济出版社，2001.

[17] 潘必胜. 中国的家族企业：所有权和控制权 1895—1956 [M]. 北京：经济科学出版社，2009.

[18] 中国科学院上海经济研究所，上海社会科学院经济研究所. 南洋兄弟烟草公司史料 [M]. 上海：上海人民出版社，1958.

[19] 邱捷. 近代广东商人与广东的早期现代化 [J]. 广东社会科学，2002（2）：75-82.

[20] 罗力. 简氏兄弟与南洋公司 [J]. 文史精华，2001（4）：39-45.

[21] 欧人. 粤商人格特征论 [J]. 重庆大学学报（社会科学版），2003（5）：58-61.

[22] 欧人. 岭南文化与广东商人的商业精神 [J]. 商业经济文荟，2000（3）：66-69.

[23] 欧人. 发现粤商：当代广东商人全方位透视 [M]. 广州：花城出版社，2002.

[24] 欧志葵，陈凯旋：低调、进取、感恩的新粤商 [N]. 南方日报，2010-11-03.

[25] 吴爱萍. 粤商文化中的和谐精神 [N]. 南方日报，2007-05-16（C5）.

[26] 黄宏生. 突破节点 [J]. 智囊（财经报道），2003（8）：82-85.

[27] 采夫. "奥飞动漫"蔡东青：23年财富暴增600万倍 [J]. 名人传记（财富人物），2010（5）：32-35.

[28] 齐树峰. 蔡东青：将借来的800元变成25亿 [J]. 传承，2010（13）：31-33.

[29] 吴晓波. 激荡三十年：中国企业 1978—2008（上、下）[M]. 北京：中信出版社，2008.

[30] 吴晓波. 大败局（1、2）[M]. 杭州：浙江大学出版社，2013.

[31] 吴水金. 论明清粤商的商人精神[J]. 华南理工大学学报（社会科学版），2001（3）：78-80,59.

[32] 谭元亨. 国门十三行：从开放到限关的逆转[M]. 广州：华南理工大学出版社，2011.

[33] 谭元亨. 客商[M]. 北京：人民出版社，2008.

[34] 申明浩. 后危机时期粤商网络对企业国际化经营的启示[J]. 经济学动态，2009（12）：74-77.

[35] 申明浩，何轩. 粤商传承与走向：一个综述与引申[J]. 改革，2009（12）：150-155.

[36] 申明浩，陈和. 粤商转型与可持续发展：首届国际粤商论坛会议综述[J]. 国际经贸探索，2009（11）：85-88.

[37] 徐明天. 还原一个真实的创维[J]. 企业管理，2006（9）：20-23.

[38] 徐明天. 春天的故事：深圳创业史 1979-2009（上、下）[M]. 北京：中信出版社，2008.

[39] 宋钻友. 广东人在上海（1843—1949年）[M]. 上海：上海人民出版社，2007.

[40] 张俊杰. 粤商模式[M]. 北京：中国经济出版社，2005.

[41] 张小平. 性格企业家：中国企业风云人物群像素描[M]. 中国铁道出版社，2006.

[42] 张小平，唐凯林. 制造业巨鳄吴瑞林的信任难题：侨兴系的危险关系[J]. 英才，2004（4）：28-34.

[43] 张建琦，刘衡，赵兴庐，等. 为天下之先：粤商家族企业创新三十年[M]. 北京：社会科学文献出版社，2012.

[44] 新文. 立白扩张路：先做市场后生产[N]. 消费日报，2005-12-29.

[45] 周兆晴. 新粤商[M]. 北京：北京大学出版社，2007.

[46] 左旭初. 我国第一个葡萄酒商标创立者张弼士与张裕葡萄酒[J]. 中国发明与专利，2010（8）：59-64.

附录一　近现代粤商大事记

第一阶段（1757—1949年）

1757年　广州成为对外贸易的唯一市场（一口通商）。

1760年　英国代表企图取得广州方面条件的改善，但未成功。

1762年　荷兰商馆在广州建立。

1771年　广州公行正式解散。

1782年　广州公行改组并重新建立。

1828年　王老吉在广州十三行开设第一间"王老吉凉茶铺"。

1840年　鸦片战争爆发。

1842年　清朝战败，废除"一口通商"政策，开放"五口"对外通商。

1843年　十三行代表人物伍秉鉴溘然长逝。

1872年　轮船招商局成立，颁布了近代中国第一个规范意义上的公司章程。

　　　　陈启沅创办近代第一个由民族资本经营的机器缫丝厂——继昌隆缫丝厂。

　　　　"中国留学生之父"容闳率领第一批学生梁郭彦、詹天佑等30人启程赴美留学。

1873年　唐廷枢等买办加入轮船招商局，并发布《招商局招股书》，改组招商局，使之成为中国近代第一家股份制公司。

1875 年	徐润开办了中国第一家保险公司——仁和水险公司。
1877 年	胡璇泽被清政府任命为中国驻新加坡第一任领事；同年被俄国沙皇任命为俄国驻新加坡领事；1879 年被委任日本驻新加坡领事，身兼三国领事。
1878 年	唐廷枢在唐山筹建中国近代最早的大型煤矿开采企业——开平矿务局。
1882 年	郑观应离开太古洋行，加入轮船招商局，洋务运动进入鼎盛期。
1890 年	黄秉常投资的广州电灯公司正式挂牌成立。
1892 年	张弼士投资 300 万两白银创办中国第一个工业化生产葡萄酒的厂家——张裕酿酒公司。葡萄酒参加巴拿马万国博览会夺取金奖。
1898 年	康有为领导发动戊戌变法。
1900 年	马应彪投资的第一家先施百货于香港中环皇后大道中开业。
1905 年	孙中山领导成立中国同盟会。 简照南和简玉阶兄弟在香港创办广东南洋烟草公司。
1907 年	冯如在旧金山以东的奥克兰设立飞机制造厂；1909 年正式成立广东飞行器公司，冯如任总工程师。公司于当年便投入制造飞机。 郭乐兄弟投资的永安百货在香港皇后大道中开业。
1911 年	辛亥革命爆发，中华民国成立，孙中山被推举为临时大总统。
1912 年	宣统帝退位，清朝覆灭。 大新公司在香港德辅道闹市区成立。
1917 年	上海南京路诞生首家大型百货商场——先施百货。
1918 年	永安百货在上海南京路开业。
1921 年	中国共产党成立。
1926 年	新新百货在上海正式开业，是第一家在中国政府注册的百货公司。

附录一　近现代粤商大事记

"粤商文化"丛书
粤商崛起

1937 年　"七七事变"爆发，日本发动全面侵华战争。

1945 年　日本无条件投降，第二次世界大战结束。

1949 年　中华人民共和国成立。

第二阶段（1950—1978 年）

1953 年　"一化三改"运动开始，通过公私合营将私有企业国有化。

第一个"五年计划"开始，市场经济被消灭，中国进入完全计划市场经济年代。

1956 年　全国私营企业基本完成公司合营。

广州市政府以陈李济为主厂，先后并入神农、万春园、伟氏、冯致昌、何弘仁、燮和堂、橘香斋等 7 家药厂，1 家甘泉药社，1 家大生合记蜡店，组成"陈李济联合制药厂"。同时，将 8 家历史悠久的中药厂王老吉、何天福、存仁堂、嘉宝栈、康寿堂、陈燃氏、卢薛昌和常炯堂合并，并以固定资产和员工数目最多的王老吉命名，称为"王老吉联合制药厂"。

老字号致美斋工场并入国营加工厂。

1978 年　十一届三中全会召开，提出改革开放、以经济建设为中心的新决策，开始系统清理重大历史是非问题，并"拨乱反正"。

东莞虎门出现全国第一家"三来一补"加工厂，中国的加工贸易开始起步。

第三阶段（1979 年至今）

1979 年　袁庚领导招商局创办改革开放以来第一个工业区——蛇口工业区。

广州首先引入外资（港资），开发建设全国第一个商品住宅小区——东湖新村。

1980 年　中国第一个经济特区——深圳经济特区成立。

顺德美的正式进入家电行业。

1983 年　霍英东投资兴建的广州白天鹅酒店开业，是中国第一家中外合作的五星级宾馆。

1984 年　王石组建深圳现代科教仪器展销中心。

邓小平第一次到南方视察，肯定改革开放取得的巨大成就。

中央宣布"向外国投资者开放 14 个沿海城市和海南岛"，改革开放的步伐进一步迈开。

三水酒厂厂长李经纬推出"健力宝"饮料品牌。健力宝成为中国奥运代表团的首选饮料，被日本媒体誉为"中国魔水"。

1987 年　我国第一家完全由企业法人持股的股份制商业银行——招商银行在深圳成立。

新中国成立以来首次土地拍卖会在深圳举行。

华为在深圳创立，成为一家生产用户交换机的香港公司的销售代理。

中山市小霸王公司成立。

1988 年　富士康在深圳投资建厂。

1989 年　史玉柱、李东生开始创业。

1990 年　沪深两市相继开始，金融市场开始兴起。

1991 年　万科作为中国第一家房地产上市公司正式在深交所挂牌交易。

1992 年　邓小平第二次到南方视察，中共十四大提出建立社会主义市场经济体制。

1994 年　太阳神等企业相继崛起。

巨人集团达到顶峰，进入保健品行业。

1995 年　广东中山爱多电器公司正式成立。

步步高公司在东莞正式成立。

1997 年　香港回归。

附录一　近现代粤商大事记

"粤商文化"丛书
粤商崛起

	爱多VCD以2.1亿元标价击败所有竞争对手，勇夺CCTV98标王。
1998年	潘宁离开科龙，部分国企的产权改革陷入困境。
	马化腾在深圳创办腾讯公司。
1999年	澳门回归。
	格兰仕成为全球最大的专业化微波炉制造商，中国制造业"隐形冠军"开始崛起。
2001年	中国正式加入WTO。
2002年	深圳民营企业比亚迪在香港主板发行上市。
2003年	中央政府与香港、澳门分别签订《关于建立更紧密经贸关系的安排》(CEPA)。
2004年	TCL集团并购汤姆逊彩电业务，成立合资公司TTE。
2005年	黄光裕创办的国美开始崛起。
	华为海外销售额首次超过国内合同销售额。
2006年	福布斯发布中国富豪榜，黄光裕成首富。
	房地产开始出现泡沫；福布斯中国富豪榜中，碧桂园杨惠妍成为女首富。
2008年	世界金融海啸，广东出口导向经济深受影响。
	股神巴菲特入股比亚迪。
2010年	国美陷入控制权之争，引发社会广泛讨论。
	万科成为国内首家销售破千亿开发商。
	美的集团全年销售收入超过千亿。
	经过吉尼斯世界纪录的现场认证，陈李济成为全球最长寿的正在运营的制药厂。
2011年	真功夫陷入家族内讧危机。
	微信1.0正式上线。

2012 年　广州电商企业唯品会在美国纽交所上市。

　　　　王老吉"商标战"落幕，广药最终战胜加多宝，收回了王老吉的商标使用权。

2013 年　比亚迪正式宣布将在美国兰开斯特成立两家生产工厂。

2014 年　第 12 届"新财富 500 富人榜"，新科首富由李河君摘得。

　　　　微信用户突破 5 亿。

2015 年　涵盖南沙、前海、蛇口和横琴的广东自贸区正式挂牌成立。

　　　　李嘉诚重组长江实业与和记黄埔。

2016 年　第三届粤商大会在广州成功举办，大会表彰了"2016 广东省百强民营企业"上榜企业。

2017 年　首届中国商帮论坛在广东外语外贸大学召开。

2018 年　中美贸易摩擦愈演愈烈，华为、中兴遭遇"封杀"。

2019 年　中共中央、国务院印发实施《粤港澳大湾区发展规划纲要》。

附录二 《粤商》纪录片主创人员名单

总 策 划：张惠建　曾国欢

策　　划：陈永光　王义军　樊　锐　徐思红

总 监 制：徐惠如　王义军

监　　制：徐思红　陈于结　吴宇厦　杨　炬

总 撰 稿：申明浩　谢　英

撰　　稿：董俊武　谭元亨　何　轩　杨　琳　曾楚宏　候广辉　吴开军　杨永聪

总 编 导：谢　英

执行编导：徐思红　陈于结　杨　炬　吴宇厦　郑　开　俞　量　李凌川　杜颖时

摄　　像：曾　哲　梁爱华　梁　峰　倪树鑫　徐广宇　胡　迪　陈柱峰

平面摄影：钟健雄

非线编辑：何有萍　周炳宋　卢华杰　黄自强　黎志华　林思彤

制 片 人：谢　英

制片主任：陈于结

统　　筹：屈雪梅

制片总监：林小海

特技制作：吴梓刚　林世彪　黎骏阳

解　　说：康　毅

音乐编辑：郭　帜

录音合成：周　旋　温晓明

外联推广：钟健雄　肖伟嘉　庞秀玲

拍摄单位：广东电视台北京节目制作中心　北京粤广视文化传媒有限公司

协助单位：广东平方影业公司　香港潮商卫视　广州市世影广告有限公司

出 品 人：曾国欢

出品机构：南方影视传媒集团　广东电视台

后　记

　　六年前的春节前夕,我在洛杉矶访学期间接到广东电视台北京节目中心的邀请,探讨拍摄一部全面反映粤商在近现代中国转型发展中地位和作用的纪录片。此前,央视的节目组也曾就这个题材和我接触过。谈起粤商,确实有研究、拍摄和宣传的必要。粤商不仅是近现代中国经济尤其是商贸流通领域中最重要的企业群体,在全球范围内造就了财富的辉煌和人文的荣耀,更是对当代中国改革开放影响力最大的一个"商帮"。粤商是近现代中国对外贸易的一个缩影,也是中国现代化进程最有力的推动者和主力军。基于此,我在2009年创办了国内第一家专门研究粤商的校级研究所,2010年被评定为广东省人文社科重点研究基地。申明浩、董俊武、曾楚宏、何轩、刘石兰等一批教授为此做出了许多贡献,一批年轻学者在这个领域迅速成长,如谢俊、李晓莉、赵子乐、杨永聪等。我们的研究也得到国内外众多学者、专家的支持和帮助,如中山大学李新春教授、华南理工大学谭元亨教授等。我们长期关注和从事粤商的研究,积累了一系列高水平的研究成果,但纪录片这样的题材我们没有碰过。怀着对中国改革开放探索者致敬的想法,我的团队和谢英主任带领的编导团队经过频繁的碰撞和沟通,终于将《粤商》纪录片搬上荧屏,纪录片取得了不错的收视效果,并斩获广东国际纪录片特别奖。

　　本书作为《粤商》纪录片的扩展版,得到广东外语外贸大学粤商研究中心、广东省粤商研究会、广东国际战略研究院、21世纪海上丝绸之路协同创新中心以及国家社会科学基金青年项目(10CGL003)、广东省高水平大学学科建设项目"服务21世纪海上丝绸之路建设的经管学科融合创新体系建设"的支持。本书的具体分工如下:申明浩、谢英负责总体思路和内容把握，董俊武、曾楚宏、何轩、刘石兰、谢俊、杨琳、俞亮、郑开、杨永聪等负责各章节基本素材的搜集和写作，谢俊负责深度挖掘和统稿。《粤商》纪录片摄制组为本书的写作提供了大量素材及生动的图片。由于条件限制，本书部分图片来自网络，特此向照片的拍摄者表示谢意。同时，本书的顺利出版离不开中山大学出版社的大力支持，李文主任不仅多次组织相关专家座谈研讨，还多次为书稿的写作提供宝贵意见。希望本书的出版为粤商研究贡献一点绵薄之力。

《粤商》纪录片总撰稿
粤商研究省级基地主任
申明浩
2019年于广州